LES

"JUVENILE COURTS"

Aux États-Unis

RAPPORT A L'UNIVERSITÉ DE LYON

Par Stéphane GAYET

Avocat à la Cour d'Appel de Lyon

LYON

Imprimerie du *MONITEUR JUDICIAIRE*

WALTENER & Cⁱᵉ

1905

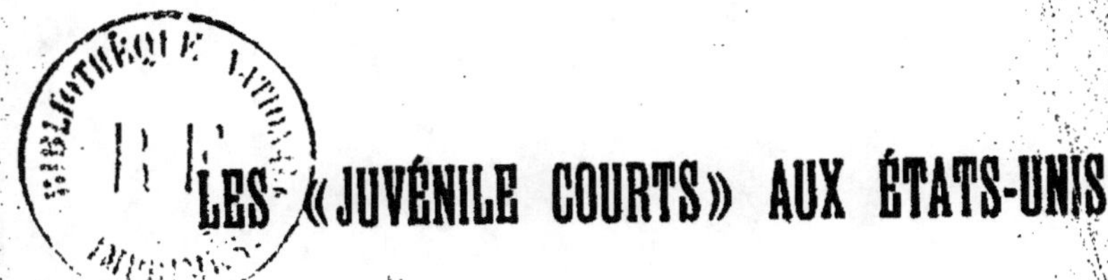

LES « JUVÉNILE COURTS » AUX ÉTATS-UNIS

LES
"JUVENILE COURTS"
Aux États-Unis

RAPPORT A L'UNIVERSITÉ DE LYON

Par Stéphane GAYET

Avocat à la Cour d'Appel de Lyon

LYON

Imprimerie du *MONITEUR JUDICIAIRE*

WALTENER & Cie

—

1905

RAPPORT A L'UNIVERSITÉ DE LYON

SUR

Une Mission à l'Exposition de St-Louis

PAR

M. Stéphane GAYET

AVOCAT A LA COUR D'APPEL DE LYON

C'est, je crois, le sentiment général, que le délégué d'une Faculté de Droit trouvera, au cours d'un voyage aux Etats-Unis, dans l'étude de la question du travail, le champ le plus propre à retenir son attention. Je ne pensais guère moi-même autrement, avant d'avoir quitté la France pour le pays des Trade-Unions. Entendant bien que la brièveté de mon voyage ne me permettrait point d'approfondir beaucoup, j'espérais, du moins, au cours de mes visites à l'Exposition de Saint-Louis, saisir quelques institutions originales, quelques documents nouveaux, quelques conversations instructives. Disposant du peu de jours qui me séparaient de mon départ, je m'étais préparé du mieux qu'il m'était possible à les recueillir par la lecture des ouvrages spéciaux, et, en particulier, des enquêtes de M. Levasseur sur l'ouvrier américain. Ce fut, d'ailleurs, de ces deux remarquables volumes que je tirai, en ce qui concerne le « labour » américain, le plus clair de mes profits. Le pays lui-même ne me révéla rien, et c'est d'un autre côté qu'il fallut porter mes recherches. Je devais signaler ce fait à mes maîtres, et je me permettrai d'en donner ici la justification.

L'Américain a peu de goût pour les spéculations juridiques ou sociales. J'imagine même qu'il les ignore. Si, en France, l'œuvre législative est, dans la plupart des cas, fille de l'œuvre scientifique et doctrinale ; si la théorie pure précède toujours ou du moins accompagne, pour l'éclaircir, l'expression concrète du principe qui est la loi ; si la rigidité des textes ne s'assouplit à la pratique que, par l'effort d'une jurisprudence raisonnée, j'ai pu me rendre compte qu'il en allait bien autrement aux États-Unis. La loi y est fille de la nécessité et du moment. Le législateur américain procède par expériences. Il discute peu les abstractions philosophiques où nous autres Français, goûtons tant de satisfaction intellectuelle. Il vote la loi parce que les citoyens qu'il représente en ont besoin et la réclament. Le peuple dit : « Voilà ce que je veux » ; il le dit même parfois avec une énergie comminatoire, et, tôt ou tard, son assemblée lui forge l'outil désiré, quitte à le briser dans la suite, s'il vient à s'apercevoir qu'il vaut moins que l'ancien, ou qu'il en est un meilleur, quitte encore à le voir briser par la Cour suprême, si celle-ci le juge inconstitutionnel.

Mais la vie juridique de ce peuple est loin d'être organisée comme l'est la nôtre. Il y aurait quelque intérêt à se demander si l'extrême liberté, dont ils parlent beaucoup et dont ils ne jouissent pas toujours, ne procéderait pas simplement d'une grande insuffisance législative, laissant, volontairement ou non, beaucoup de vides où l'individualisme trouve l'espace nécessaire pour s'exalter, et d'une absence complète de doctrine qui empêchera longtemps les États de réaliser, dans leur sein même, l'union harmonieuse des éléments qui les composent et des tendances qui les divisent.

J'ajoute que l'instruction juridique se borne à l'étude

des décisions des Tribunaux et des Cours. J'ai pu con-
sulter, à Philadelphie, le programme des Cours de
cette année. Il souligne nettement cette idée. Les étu-
diants apprendront comment prononcent les organes
judiciaires de la Pensylvanie, lorsqu'il est question des
contrats par exemple, et comme beaucoup d'entre eux
exerceront dans des Etats voisins, on leur dira encore
comment prononcent, sur ce point, les tribunaux de
la Virginie ou du Maryland. Mais, de théorie d'ensemble, d'examen de l'obligation contractuelle en soi,
point. Il me souvient de l'étonnement où tomba un
« lawyer » de Charlottesville (Virginia University),
lorsque, sur sa demande, je lui exposai à propos de
la loi de 1901 les conceptions de nos jurisconsultes
à l'égard de ce qu'il appelait « légal entity » et de ce
que nous appelons, nous, personne morale ou civile.
Le problème des origines, de la constitution intime,
de l'existence même de cet être moral, lui parut étrange. A vrai dire, il en pénétrait mal les données et le
but, et ne pouvait comprendre comment, d'une opinion ou de l'autre, découlaient avec logique d'innom-
brables conséquences.

De là, une pénurie complète de documents, l'impossibilité presque absolue de se procurer sur place autre
chose que des « cas », d'obtenir d'un interlocuteur qu'il
formule un principe pouvant servir de guide à l'étranger soucieux de se former, sur tel ou tel point, une idée
générale. J'en ai tenté maintes fois la chance. J'ai
causé longuement avec des légistes. Je ne tirai guère
de leur entretien que des solutions isolées, que rien
ne rattachait entre elles, qu'aucun lien ne me permet-
tait de coordonner. Et quand, après beaucoup d'efforts,
je leur avais expliqué, pour leur montrer plus clairement ce que je voulais savoir, quelle différence nous
établissons entre la théorie et la pratique, entre la doctrine de l'Ecole ou du Livre et la jurisprudence de nos
tribunaux, et comment dans deux voies distinctes s'accomplit le travail de l'une et de l'autre, pour aboutir

à la solution précise, constituant, si je peux dire, une véritable mise au point, je voyais clairement qu'ils comprenaient à peine, et que pour eux, c'était assez de connaître ce qui est aujourd'hui, sans chercher ce qui pourrait ou ce qui devrait être demain.

D'autre part, ce serait, il me semble, une erreur que d'accorder à la question Ouvrière, dans les préoccupations de la majorité des Américains, la place considérable qui lui a été attribuée en France. L'Ouvrier américain, — c'est une impression, — paraît être un citoyen comme les autres dans un pays où chacun lutte pour soi. On sait, d'ailleurs, qu'il se passe volontiers de secours étrangers et gagne des batailles avec ses propres armes dont la meilleure est l'union qui fait, dit-on, la Force. Les œuvres de ce qu'on est convenu d'appeler les « socialistes américains » ne sont peut-être que de la littérature. Je ne saurais, à l'appui de ce que j'avance, fournir un meilleur argument que ce fragment d'entretien avec le délégué du parti du Travail au Congrès de La Haye, M. Lee, rencontré à bord. Comme je m'informais : « Quel est votre programme ? » — Il me répondit sans détour : « — A vrai « dire, nous n'en avons pas. Nous sommes avant tout « un parti de propagande. Quand les questions se po- « sent, nous proposons des solutions. Voilà tout ! »

J'ajoute enfin, que la diversité des législations, variant à chaque fois qu'on franchit la frontière d'un Etat, en retard ici et là en avance, augmente encore la difficulté des recherches.

Voilà pourquoi il m'apparut qu'un séjour d'un mois dans le milieu américain me permettrait à peine d'entrevoir cette vaste question du travail, sans me mettre en mesure d'en approfondir aucun détail. Je connus que la méthode unique serait l'analyse lente et la critique minutieuse de faits nombreux, groupés avec soin, et contrôlés avec scrupule. Il faut, je pense, si l'on veut combiner des idées générales, être longtemps le témoin attentif de la vie intime de ce peuple. Car peu

de personnes vous fourniront les fils conducteurs. L'interlocuteur américain les a lui-même rarement déga-
gés, et rien ne simplifiera, ne facilitera l'effort. Point
ou peu de documents, aucune connexité entre la façon française et la façon américaine de penser ; où
voudrait-on, alors, que l'étranger pénétrant pour quelques jours dans tout cet inconnu, puise les éléments
d'un travail original et sincère ?

On pourrait proposer les nombreux ouvrages publiés
par des auteurs français. J'imagine que ce serait tirer
d'un voyage un médiocre profit, que de regarder un
peuple étranger au travers de la pensée d'un compa-
triote. Il vaut mieux, à mon avis, regarder de ses yeux,
dire ce qu'on a vu et laisser dans l'ombre ce que l'inex-
périence ou la faiblesse de son propre regard n'a pas
permis de saisir. C'est à quoi je me suis efforcé.

L'abord de la Terre de l'Indépendance ne va pas
sans d'étranges préliminaires. L'admirable rade de
New-York se pare d'une Liberté et s'attriste d'une Prison. La Liberté, c'est la colossale statue de Bartholdi,
brandissant sa torche sur l'Océan ; la Prison c'est « Ellis
Island » où seront parqués tout à l'heure nos voisins,
les passagers de troisième classe, qui n'auront pas jus-
tifié de relations suffisantes ou de moyens d'existence
certains. Victor-Hugo aurait donné quelque sonorité
à cette antithèse. Le peuple américain ne l'a sans doute
pas même aperçue. Il a érigé le monument parce que
cela est flatteur, et bâti la prison parce que cela est
nécessaire.

On sait que l'Amérique fut longtemps le réceptacle
de tous nos déchets. Malfaiteurs en fuite, cerveaux
chimériques ou dangereux, déçus de la fortune rê-
vant de la tenter ailleurs, tous se précipitaient vers
cette terre promise. Les Etats-Unis se sont lassés de
les accueillir. Le grand corps social qu'ils forment, et
qui ne fut point trop scrupuleux sur le choix de ses
premiers éléments, à grand souci, aujourd'hui, de son

hygiène morale. Il profite de l'expérience du vieux monde. Il a sondé ses plaies et veut s'en garantir. Il craint d'absorber ses poisons et pratique une aseptie rigoureuse. Comme il se flatte de ne ménager personne et n'a jamais reculé devant les mesures efficaces, si brutales qu'elles soient, il a créé le service actuel de l'immigration, et on ne connait bien quelle envergure peut atteindre l'indiscrétion bourrue, qu'après avoir affronté son accueil. Les fonctionnaires préposés à ces opérations, doivent rejeter impitoyablement tout ce qui porte avec soi un péril. Ils s'en acquittent à souhait. Les individus, pas plus que les marchandises, n'entrent sans examen.

Je dirai seulement que tout passager, homme ou femme, qui n'est pas en possession d'une certaine somme d'argent, fixée, je crois, à cinquante dollars (250 fr.); ou que nulle personne établie aux Etats-Unis ne vient réclamer à bord, est dirigé sur Ellis-Island, d'où il est rapatrié sans avoir mis le pied sur le sol américain.

Il est inutile de discuter cette rigueur. Ce qui est certain, c'est qu'elle est efficace. De fait, l'entrée est très difficile à des individus dangereux ou simplement douteux. L'exigence d'une certaine somme tend à ne pas laisser à la charge de l'Etat de New-York, une multitude d'arrivants sans travail, et sans moyens ou sans volonté d'en obtenir. La surveillance est organisée sur tous les points du territoire. J'ai pu moi-même m'en convaincre sur la frontière Canadienne, aux chûtes du Niagara, où je fus interrogé chaque fois que je traversais le pont qui unit les deux rives.

A un autre point de vue, cette mesure est bien la marque de cette « fermeté dans le dessein » qui caractérise la nation. Ils ont, du jour où ils se sont vus menacés par l'invasion du paupérisme et du crime, fermé rigoureusement leurs portes, et ont recommandé aux gardiens qu'ils y placèrent, de ne les ouvrir qu'à bon escient.

Voilà ce qu'ils firent contre la criminalité envahissante du dehors. Cela doit attirer l'attention sur les mesures de défense qu'ils ont dû prendre contre la criminalité germant sur leur propre sol. Je fus ainsi, par la pente naturelle des idées, conduit à me renseigner sur le sort des enfants pauvres, coupables, matériellement ou moralement abandonnés.

C'est un problème qui ne se pose pas seulement de l'autre côté de l'Océan que celui de l'enfance malheureuse ou coupable. Aux Etats-Unis, comme en France, comme partout, de bons esprits se préoccupèrent dès longtemps de ce fait que, nés dans un certain milieu, grandissant dans des conditions données, livrés à eux-mêmes ou à des influences néfastes, certains enfants deviennent fatalement des criminels. Ces milieux, ces conditions, ces influences se multiplient dans la forme actuelle de la civilisation, multipliant aussi leurs victimes. Les villes, qui prennent, aux Etats-Unis surtout, une immense extension, le caractère particulièrement sordide de leurs quartiers populeux où se mélangent et se fondent, en un redoutable amalgame, la misère, la maladie et le vice ; la grande industrie qui appelle le père et trop souvent la mère hors du foyer, l'alcoolisme qui exerce ses ravages et rend à coup sûr les parents inaptes à remplir leur haute mission, tels sont les plus graves dangers. Le petit être que nul ne surveille ou n'assiste, déserte l'école ou même en ignore le chemin. Il vagabonde, entre bien vite en relations avec ses aînés déjà pervertis, il subit cet ascendant spécial que leur audace, leur forfanterie ou leur expérience précoce exercent sur lui ; il est pris enfin dans ce terrible engrenage du crime d'où nulle force au monde ne saura't le tirer. Ceci est banal, on l'a dit et redit. Depuis de longues années, des sociétés de protection ont tenté de remédier au mal. Il avait préoccupé les philanthropes, les criminalistes en avaient démontré les causes et les effets, leurs statistiques étaient faites pour consterner

En France, par exemple, ils nous apprenaient que dans l'espace de quelques années la criminalité des tout jeunes gens avait septuplé.

On n'en est plus aujourd'hui à s'imaginer qu'un système rigoureux de répression, appliqué à tous les coupables, sera de nature à enrayer le mal. « Il vaut mieux prévenir que punir » est un axiome juridique. Les résultats des procédés d'intimidation, qui furent longtemps les seuls employés, ont prouvé qu'on avait fait fausse route. Sans passer à un déterminisme aussi célèbre qu'absolu, on peut néanmoins affirmer que bien des criminels relèvent du médecin plus que du magistrat. Beaucoup sont incurables si d'autres peuvent être guéris. De là un problème d'une étrange complexité.

Toutes les nations, néanmoins, s'appliquent aujourd'hui à le résoudre. Chacune fait apparaître dans sa recherche le tempérament qui lui est propre.

En France, la loi a suivi d'assez loin, (et avec quelle timidité), l'initiative privée. Les sociétés de patronage, les œuvres consacrées aux libérés, les personnalités charitables ont développé d'admirables moyens de préservation et de réformation. Il nous manque encore l'œuvre d'ensemble, l'appareil légal qui permettra seul d'égaliser la lutte. Sans doute, les lois du 5 août 1850 sur l' « Éducation et le patronage des jeunes détenus », du 24 juillet 1889 « sur la protection des enfants maltraités ou moralement abandonnés », du 19 avril 1898 « sur la répression des violences, voies de fait, actes de cruauté et attentats commis envers les enfants », ont marqué chacune un progrès. Mais il n'est pas douteux que ce progrès soit insuffisant. Il n'est pas douteux que notre organisme judiciaire tel qu'il existe, la comparution des enfants devant les tribunaux ordinaires, leur incarcération trop fréquente, sont la marque d'un désaccord profond entre la pratique et l'évolution de la criminologie moderne à l'égard des enfants. Si les œuvres dont je viens de parler apportent, dans une certaine mesure, un remède à ce mal, encore faut-il ajouter qu'il n'en existe pas partout, et que, là où elles existent, elles doivent surtout le bien qu'elles peuvent faire, à la bienveillante initiative des magistrats. La loi semble ne s'y prêter qu'à regret.

Les raisons de cet état de choses sont multiples. On découvre la principale dans notre hérédité latine. Il ne faut pas se dissimuler qu'une législation nouvelle sur l'enfance criminelle se heurtera à la conception séculaire des droits paternels dans les cerveaux français. Le législateur, une seule fois, en 1886, a porté délibérément la main sur l'édifice familial. On sait avec quelles précautions. Il faut qu'un père de famille ait démérité gravement pour que ses enfants lui soient enlevés. Il n'est déclaré déchu de plein droit qu'après certaines condamnations. Parmi ces dernières quelques-unes doivent même être répétées. Il peut être déclaré déchu s'il a encouru certaines peines, ou, « en dehors de toute condamnation, si son ivrognerie habituelle, son inconduite notoire et scandaleuse ou ses mauvais traitements compromettent soit la santé, soit la sécurité, soit la moralité des enfants. » (Art 2, § 6, loi du 24 juillet 1889).

Mais une action doit être intentée ; certaines personnes peuvent seules le faire. Toute une procédure doit être établie qui prend du temps et rend souvent la solution tardive.

J'ai vu, pour ma part, un cas au moins, où ces lenteurs eurent pour l'enfant qu'il eût fallu soustraire sur le champ à la sauvagerie de ses parents, les plus déplorables résultats.

Notre droit, sur ce point, se ressent de ses origines. Dans la crainte des empiètements sur l'autorité paternelle il apporte dans tout ce qui pourrait amoindrir celle-ci, une extrême prudence, une prudence peut-être exagérée, si l'on songe que les mœurs, le fléau grandissant de l'alcoolisme, la misère irritante de situations trop fréquentes, ont aboli dans beaucoup de familles la dignité des parents, le respect des enfants, la moralité des rapports des uns et des autres. Le moindre mal, dans une certaine classe sociale, c'est l'indifférence du père ou de la mère, permettant le vagabondage lequel produit bientôt et presque fatalement le crime. Aussi bien, comment l'ouvrier que l'atelier retient durant toutes les heures de la journée pourrait-il veiller à l'éducation de son fils ou de sa fille ? Et si nous le privons, lui honnête homme, du droit sacré de former leur conscience, ne sera-ce pas une marque d'infamie, une flétrissure que nous lui imposerons ? Et pourtant, ce droit il ne peut l'exercer, son travail quotidien l'en empêche. Les manquements à l'école passent trop souvent inaperçus, les sanctions sont insuffisantes, il faut que cet enfant grandisse, s'instruise, s'améliore, se rende apte à remplir demain avec son honneur son devoir de citoyen. Voilà le problème.

Les États-Unis en expérimentent une solution. Je ne sais si elle est la meilleure de toutes. On le prétend assez volontiers de l'autre côté de l'Océan ; elle dénote à tout le moins un énergique effort vers le progrès.

J'avais été frappé à St-Louis au cours de ma visite au Palais de l'Économie politique et sociale, de l'extrême importance accordée à tout ce qui concernait le sauvetage et les œuvres éducatrices de l'enfance. La place qui leur était donnée dans cette Exposition Universelle, est, je crois bien, l'indice précieux d'un sentiment national. J'ai parlé d'hygiène morale, il y a plus. Le mot de civisme aux États-Unis, a gardé son sens antique. Être citoyen d'un État, ce n'est pas seulement y exercer des droits politiques, c'est encore y être solidaire du bien et du mal qui s'y accomplit, c'est le représenter et l'honorer au dehors, c'est être un rouage utile dans l'immense organisme. Ils n'ont pas seulement l'effroi des malfaiteurs, ils en ont honte, comme d'une tare au corps social dont ils font partie. De là cette tendance qu'on retrouve chez beaucoup et dont on pourrait dire non seulement qu'elle est charitable ou philanthropique, mais encore qu'elle est politique.

J'avais entendu parler des « Juvénile Courts », ces tribunaux où comparaissent les enfants. Grâce à l'obligeance de M. Roggers, auprès duquel m'avait introduit la bienveillante recommandation de M. le Recteur de l'Université de Lyon, et à celle de M. Pope, son secrétaire, qui voulut bien m'accompagner, je pus recueillir quelques renseignements. Le délégué de la Juvénile Court de Chicago m'engagea à assister à ses audiences durant mon séjour dans cette dernière ville, et je pus ainsi noter quelques traits de cette institution.

Dans la voie du Progrès, les Etats-Unis, ce n'est un secret pour personne, procèdent par bonds. Tandis que nos sociologues, ayant dès longtemps découvert le mal, s'efforçaient d'en indiquer les remèdes, sans parvenir d'ailleurs à en obtenir un usage général et pratique, le peuple américain semblait ignorer les questions de criminologie relatives à l'enfance. J'entends bien que des institutions philanthropiques ou confessionnelles fonctionnaient depuis des années, comme elles fonctionnent chez nous, sauvant çà et là un enfant en danger, réparant, dans la mesure où cela leur était possible, l'oubli de la loi. Sans doute, les spécialistes, ceux que leur dévouement où simplement leurs fonctions, conduisaient à s'occuper de l'enfance misérable, avaient prévu nombre d'améliorations au régime existant. Mais aucun théoricien n'avait, devant le grand public, porté la question à son triple point de vue patriotique, humanitaire et économique. Cet état de choses persista jusque vers l'année 1900. Jusque-là le système était rudimentaire. L'enfant ne pouvait être atteint par la police et condamné avant l'âge de dix ans. A partir de dix ans il passait d'une irresponsabilité absolue à une responsabilité virile. Arrêté, incarcéré avec ses aînés dans le crime, on le jugeait et on le condamnait comme un homme. Il est inutile d'insister sur tout ce qu'avait de déplorable un semblable régime. On sait que la prison est la grande école du vice, que les non-corrompus s'y pervertissent et que les corrompus s'y perfectionnent. Combien plus cela est vrai, lorsqu'il s'agit d'enfants, c'est-à-dire d'êtres souples, façonnables, susceptibles d'enthousiasmes exagérés et d'entraînement faciles. Qu'on ne s'y trompe pas, dans le monde des prisonniers, un bandit audacieux jouit d'une admiration égale à celle que nous pouvons accorder, nous, à un grand artiste ou un grand savant. Incontestées dès longtemps en Europe, ces vérités, banales, à force d'être redites, restaient insoupçonnées aux Etats-Unis. Seuls les connaissaient ces spécialistes dont j'ai parlé déjà, et qui ressentaient vivement combien leur action serait rendue plus facile, leur dévouement plus utile, leurs œuvres plus efficaces, si une loi était édictée, organisant un régime d'ensemble, applicable à tous les enfants criminels. Les groupements charitables qui avaient la pratique de ces sortes d'enfants, considéraient que deux choses étaient surtout nécessaires. Tout d'abord, il fut reconnu qu'un enfant n'est jamais un coupable, mais un délinquant, et pour parler plus clair un petit malade à traiter et à guérir. Puis, que l'enfant doit être enlevé avec la plus grande promptitude aux parents qui le négligent, le maltraitent ou le mettent matériellement ou moralement en danger. Ayant dégagé ces deux propositions, il restait à les faire triompher. Pour y arriver, il fallait créer un mouvement populaire, une agitation en faveur de la cause. Il fallait que la réforme fût non seulement proposée, mais imposée au Parlement. L'Etat de l'Illinois et celui du Colorado se disputent l'honneur d'avoir les premiers créé ce mouvement. En fait, c'est le second à qui revient, je pense, l'honneur d'avoir d'abord entamé la lutte, tandis que l'Illinois s'enorgueillit de l'avoir avant lui terminée. Dans tous les cas, et c'est ce qu'il faut retenir, dans l'un et l'autre de ces deux Etats, l'agitation partit des œuvres philanthropiques et charitables et de ces foyers de bonne volonté s'étendit au public tout entier, rapidement séduit par le progrès. Et cela est intéressant à constater que ces lois nouvelles prirent ra-

cine non dans les théories de sociologues ou de criminalistes, mais en pleine vie ; qu'elles naquirent du fait
même de cette impuissance douloureuse où l'on se
trouvait de porter secours aux enfants, que, dans le
sein même de leur famille, guettait une lente et certaine démoralisation. Les « Juvenile Courts » furent
organisés parce que maints citoyens avaient vu, dans
les rues des grandes cités, des enfants en haillons,
fumeurs ou ivrognes précoces, dont les visages révé-
laient l'ignorance le vice et la misère, et qu'ils en
avaient souffert dans le sentiment, qu'ils ont très vif,
de la dignité nationale.

Ayant vu le mal, ils l'avaient presque guéri. C'est
une différence assez frappante entre l'esprit américain
et l'esprit français, que, si le premier comprend plus
lentement, il agit plus vite. Nous connaissons les tares
de notre civilisation, mais nous reculons devant les
moyens énergiques qu'il faudrait employer pour les
effacer. Nous analysons avec passion et avec tant de
scrupules que les réformes, qui présentent toujours
quelque danger, finissent par nous paraître bien diffi-
ciles. Il y a tant d'obstacles, souvent, entre ce qui est
et ce qui doit être, que nous nous renfermons assez
volontiers dans le « statu quo ». Et les exemples ne
manqueraient point, s'il était nécessaire d'en fournir,
notamment dans le droit pénal. L'américain, au contraire, a le « mea culpa » brutal : « Si ce que j'ai, dit-
il, est mauvais, je le supprime ». Et il le fait comme il
le dit.

Et voilà comment, le vice apparu clairement, on
obtint sans peine un soulèvement assez général. Des
associations diverses parmi lesquelles, dans l'Illinois,
tous les clubs de femmes et l'association de la barre de
Chicago, y participèrent. On marchait à la conquête de
la loi nécessaire avec cet entrain qu'ils apportent là-
bas à la réalisation de tous leurs vœux. Des magistrats,
des hommes politiques, tous ceux qui disposaient de

quelque influnce furent ,sollicités et donnèrent leur
adhésion. On tint des meetings, on nomma une commission, et celle-ci élabora en peu de temps un « bill »
qu'un membre de la Chambre des Représentants se
chargea de porter à l'Assemblée. Voici la teneur de ce
bill.

« 37ᵉ Assemblée. — Chambre Nᵒ 433, Février 1891. —
Introduit par Mᵣ Joseph A. O'Donnell, le 24 février
1871. — Mis en lecture le 24 février 1891. — Impression et renvoi à la commission judiciaire, ordonnés. —
Projet de loi autorisant les associations sans but lucratif à recueillir, élever et protéger les enfants abandonnés, négligés, laissés sans ressources ou en danger de
se pervertir.

« § I. — Soit ordonné par le peuple de l'Etat
de l'Illinois, représenté dans son assemblée générale
que :

« Chaque fois que la « County Court » de cet Etat
reconnaîtra qu'un enfant, amené devant elle, n'a ni parents, ni gardien, ni personne qui lui assure des soins
réguliers, ou que cet enfant est abandonné, ou complètement négligé ou maltraité par celui ou ceux qui
exercent vis-à-vis de lui l'autorité paternelle ; ou que
cette autorité est mal exercée et que la garde de l'enfant n'est pas assurée ; ou que nul ne l'ayant en charge
il reste sans ressources et dans l'incapacité de se suf-
fire ; la susdite Cour puisse, dans tous les cas précé-
dents, ordonner que la garde de l'enfant soit commise à
une Association sans but lucratif, organisée conformément aux lois de cet Etat et dont l'objet est d'assister
de semblables enfants. Cette Association aura, en vertu
du jugement de la Cour, autorité suffisante sur l'enfant
et pourvoira à ses besoins.

« § II. — Tout enfant ainsi commis à une Association sera gardé par elle ou confié à une famille, ou

à une institution, ou aux soins de toute personne qui en paraîtra digne et capable, et qui sera disposée à les lui donner d'une façon régulière et suffisante, et, d'une manière générale, à le bien élever.

« L'Association gardera la responsabilité de l'enfant ainsi placé, et, autant que possible, veillera à ce qu'il soit bien élevé et entretenu. Les agents et directeurs de l'Association auront toute autorité sur l'enfant et pourront le réclamer chaque fois que cela paraîtra nécessaire, dans l'intérêt de l'enfant.

« § III. — Rien, dans le présent acte ou dans tout ce qui pourra être fait à son propos, ne sera contraire aux lois réglant actuellement la matière de l'adoption dans cet Etat, et, d'une manière générale, à toutes autres lois intéressant l'enfant. Et rien de ce qui y sera contenu ou y sera ajouté, n'entravera l'exercice des droits paternels, tant que ces droits pourront être exercés sans danger pour la moralité et la santé de l'enfant. »

Tel est, dans la forme même qui lui fut donnée, le Bill qui, facilement adopté par le Sénat, rencontra devant la Chambre des Représentants une certaine opposition, vaincue à la longue, grâce à l'esprit de concession dont firent preuve ses auteurs. A travers les obscurités du texte qui proviennent surtout de l'abondance des détails qu'on a voulu préciser, il est facile de distinguer trois idées, une dans chaque section. La première, c'est que l'enfant en danger moral ou physique doit être enlevé à ses parents et confié à une Association qui en prendra la charge. C'est l'idée même de nos deux lois de 1889 et de 1898. La seconde, c'est que l'Association aura le droit, tout en conservant la responsabilité de l'enfant, d'agir à son égard comme pourraient agir ses propres parents, je veux dire de le placer au dehors et de le réclamer si elle le juge utile, c'est le transfert de la puissance paternelle

à une autorité plus digne de l'exercer. La dernière enfin, c'est que les auteurs du Bill prétendaient rester
dans les limites du pouvoir législatif de l'Etat, et ne
pas encourir les risques d'une déclaration d'inconsti-
tutionnalité par la Cour suprême.

En fait, rien dans ce Bill, ne paraît dépasser les ré-
clamations qu'adressent tous les jours aux pouvoirs
publics nos propres criminalistes. C'est dans la loi qui
en fut le résultat et, par dessus tout, dans la « Juvenile
Court » qui fut l'application de la loi, que nous décou-
virons l'originalité de la réforme. La loi passa en fin
de législature. Je la transcris ici, bien qu'elle soit longue et touffue. On y verra que les plus pratiques, les
plus ingénieux progrès peuvent sortir de textes confus
prolixes, surabondants. Certes, on n'y retrouvera pas la
belle ordonnance, la clarté, le style vigoureux et pré-
cis de nos lois de la grande époque. Mais on ne s'em-
barrasse guère du texte en Amérique. Une loi semblable, votée en France, eût fait surgir nombre de com-
mentateurs. Voici quatre ans que l'Illinois en est doté.
J'ai prié le Juge lui-même de m'indiquer les ouvrages
la concernant; il me fut répondu qu'il n'en existait d'autre que la brochure éditée à l'Exposition de Saint-Louis,
et dont je dirai, plus loin, quelques mots. Voici le texte
de la loi. Je lui laisse, à dessein, ses redites et ses lon-
gueurs.

« ILLINOIS. — Loi concernant les « Juvenile
Courts ».

« Acte réglant le traitement et le contrôle des enfants
assistés (dependent) négligés ou délinquants.

« Plaise au peuple de l'Illinois, représenté dans son
assemblée générale, de donner force de loi à l'acte suivant :

« § I. — Définition. — Cet acte concerne seulement les mineurs de 16 ans, non pensionnaires, actuels
ou à venir, d'une institution de l'Etat ou d'une école

professionnelle de garçons ou de filles ou de quelque institution légalement incorporée, à l'exception des institutions prévues aux Sections 12 et 13. Pour l'intelligence de cet acte, les mots « enfants assistés » (Dependent child) et « enfant négligé » désigneront : Tout enfant qui, pour une raison quelconque, est laissé sans abri, ou abandonné, ou confié à la charge de l'Etat, ou qui s'adonne habituellement à la mendicité, ou reçoit des aumônes, ou, qui est rencontré dans un mauvais lieu ou en compagnie de gens vicieux et de vie suspecte, ou dont la demeure, par suite de négligence, cruauté ou dépravation des parents, gardiens ou autres personnes ayant l'enfant en charge, est un lieu dangereux pour un enfant ; tout enfant mineur de 10 ans, mendiant, vagabondant, vendant, chantant ou jouant d'un instrument dans la rue, donnant un spectacle public, ou accompagnant et assistant la personne qui le donne.

« Les mots « enfant délinquant » comprennent tout enfant mineur de 16 ans qui viole la loi de cet Etat, ou une ordonnance de ville ou de village. Tout enfant incorrigible ou affilié volontairement à des voleurs, ou à des individus vicieux ou immoraux, ou qui grandit dans la paresse et dans le crime ; ou qui fréquente sciemment un mauvais lieu, ou sciemment favorise un acte délictueux ou criminel.

« Le mot « enfant » ou « enfants » désigne un ou plusieurs enfants, et le mot « parent » ou « parents » désigne l'un des parents ou tous deux suivant que cela est conforme au but de la loi. Le mot « association » désigne toute corporation dont le but est de recueillir les enfants tombant sous le coup de la loi et d'en disposer.

« § II. — Juridiction. — Les « Circuit Courts » et « County Courts » des comtés de l'Etat, auront une compétence propre, sur toutes les affaires rentrant dans les termes de cet acte. Dans tout procès soulevé par cette loi, toute personne intéressée peut demander, ou le juge lui-même peut constituer, un jury de six membres pour juger l'affaire.

« § III. — Juvenile Court. — Dans les comtés comptant plus de 500,000 âmes, les juges de la « Circuit Court » désigneront, à des époques que cette Cour déterminera elle-même, un ou plusieurs de leurs membres qui seront chargés de juger tous les cas prévus par la présente loi. Une Chambre spéciale, dite « Juvenile Court » sera affectée à ces audiences, les décisions de la Cour seront inscrites sur un registre tenu à cet effet, dit « Juvenile Record » (archives) et la Cour sera dite « Juvenile Court ».

« § IV. — Pétitions à la Cour. — Toute personne honorable, habitant le comté, qui aura connaissance d'un enfant de ce même comté, négligé ou paraissant l'être, dépendent (assisté) ou délinquant, peut remettre au clerc de la Cour compétente une demande où il énoncera les faits certifiés et attestés par elle sous serment. Il suffira que l'objet de l'attestation soit un fait connu seulement par ouï dire ou probable.

« § V. — Assignation. — Sur la remise de la pétition, une assignation sera lancée, requérant le gardien de l'enfant, ou toute autre personne avec qui il peut se trouver, de se présenter accompagné de l'enfant, au lieu et à l'heure indiqués par l'assignation. Le délai ne pourra dépasser 24 heures après la remise de l'assignation.

« Les parents de l'enfant, s'ils sont vivants et si leur résidence est connue, son gardien s'il en possède, ou, dans le cas où il n'aurait ni parents, ni gardien, ou, dans le cas où leur résidence serait inconnue, tout parent dont on connaîtrait le domicile, sera informé de la procédure. En cas d'absence de tout parent, le juge désignera pour assister l'enfant une personne honorable. Si la personne assignée comme il est dit ci-dessus ne se présente pas, sans avoir d'excuse valable, contrevient aux ordres de la Cour, ou disparaît avec l'enfant, il sera procédé contre elle comme au cas de contumace. Si l'assignation ne peut être donnée, ou si celui qui la reçoit refuse d'y obéir et d'une manière générale toutes les fois qu'il sera prouvé à la Cour qu'elle serait inefficace, un « warrant » (mandat d'arrêt) sera lancé sur l'ordre de la Cour, contre les parents ou gardiens de l'enfant, ou contre toute personne avec qui il sera trouvé, ou contre l'enfant lui-même. Au retour de l'assignation ou de tout autre mandat, aussitôt qu'il se pourra, la Cour procédera à l'audition et statuera sur le cas d'une manière sommaire. Jusqu'à la disposition finale, l'enfant pourra être laissé en possession de ses gardiens, ou sera retenu dans un lieu convenable, dépendant de la Cité ou des autorités du Comté.

« § VI. — « Probation officers ». — La Cour nommera et désignera une ou plusieurs personnes sûres, d'une moralité certaine, qui devront, pour un temps qu'elle appréciera, remplir les fonctions d'officiers de surveillance (Probation officers). Les dits officiers ne seront pas rémunérés par le Trésor public. Chaque fois qu'un probation officer sera désigné, le « Clerc de la Cour » lui notifiera d'avance, si possible, le jour où un enfant devra comparaître. L'officier fera alors toutes recherches que prescrira la Cour.

« § VII. — Enfants assistés ou négligés. Quand un mineur de 16 ans sera « dépendant ou négligé », aux termes de cet acte, la Cour pourra le remettre à une institution honorable de cet Etat, ou aux soins d'un citoyen notable et d'une moralité satisfaisante, ou à quelque école professionnelle ou industrielle prévue par la loi, ou aux soins d'une Association, qui acceptera de le recevoir, et dont l'objet sera de chercher et de trouver un refuge pour les enfants négligés ou abandonnés, laquelle association devra être accréditée ainsi qu'il suit.

« La Cour, quand la santé ou l'état de l'enfant l'exigeront, le placera dans un hôpital public ou dans une institution pouvant lui procurer un traitement et des soins spéciaux, ou dans un hôpital qui le recevra dans un but charitable et gratuitement.

« § VIII. — Tutelle. — Dans tous les cas, lorsque la Cour confiera un enfant aux soins d'une Association ou d'un individu, conformément à cet acte, l'enfant, a moins qu'il en soit autrement ordonné, sera sous la garde de l'Association ou de l'individu qui l'aura reçu. L'un et l'autre pourront placer l'enfant dans une famille, avec ou sans contrat, seront partie à toute procédure ayant pour objet l'adoption de l'enfant et l'association comparaîtra par un de ses agents à la Cour où sera pendante la dite procédure pour consentir à l'adoption. Ce consentement suffira pour autoriser la Cour à rendre l'ordre ou le décret d'adoption. Cette tutelle, toutefois, ne s'étendra pas aux biens de l'enfant.

« § IX. — Disposition concernant les enfants délinquants. — Lorsque l'enfant est délinquant, la Cour l'entendra, et le remettra aux soins d'un « Probation officer » ou permettra à l'enfant de demeurer en sa propre maison qui sera, dans ce cas, soumise à la visite du Probation officer chaque fois que cela paraîtra nécessaire. La Cour pourra encore ordonner le placement de l'enfant dans une famille honorable soumise à l'inspection amicale d'un Probation officer et aux ordres postérieurs de la Cour. La Cour pourra aussi mettre l'enfant en pension pourvu que cette pension reçoive l'enfant gratuitement. La Cour pourra également placer l'enfant, s'il s'agit d'un garçon dans une école industrielle de garçons, ou dans une institution du comité, incorporée conformément aux lois de l'Etat et qui prend la charge des enfants délinquants, ou dans une institution entretenue par une Cité, pour la garde de tels enfants, ou dans une institution, entretenue par l'Etat, et s'il s'agit d'une fille majeure de 10 ans, à la maison d'Etat pour les jeunes filles coupables.

« En aucun cas, l'enfant ne peut être placé s'il n'est

pas mineur de 16 ans. L'enfant confié à ces institutions sera sous le contrôle de leur Conseil d'administration. Le dit Conseil pourra lui-même placer l'enfant sous contrôle (« To parole ») aux conditions qu'il déterminera lui-même. La Cour, sur la proposition de ce Conseil, pourra libérer l'enfant du contrôle lorsqu'elle le jugera complètement corrigé. Elle pourra aussi placer l'enfant sous le contrôle de toute Association ayant pour objet la garde des enfants négligés ou abandonnés, et accréditée dans les formes prévues par la loi.

« § X. Modification dans la compétence des magistrats judiciaires et administratifs. — Quand, dans un Comté où existe une Cour, aux termes de la section 3, un enfant mineur de 16 ans sera arrêté, avec ou sans mandat d'arrêt, cet enfant, au lieu d'être amené devant la justice de paix, ou devant un magistrat de police, sera amené directement devant la Cour. Si l'enfant est conduit devant le juge de paix ou un magistrat de police, ces magistrats devront porter l'affaire devant la Cour, et l'officier chargé de l'enfant devra y conduire cet enfant. La Cour entendra et jugera l'affaire comme dans le cas, prévu ci-dessus, où elle est saisie par une pétition. Elle ordonnera que mention en soit faite et recherches pratiquées comme dans tout autre cas. Elle pourra ajourner dans ce but l'audition de l'enfant.

« § XI. Les enfants au-dessous de 12 ans ne doivent pas être mis en prison. — Aucune Cour, et aucun magistrat n'enverront des enfants au-dessous de douze ans en prison ou au dépôt. Si l'enfant peut donner caution, il sera confié aux soins du Schériff, de l'officier de police ou du « probation officer » qui le gardera dans quelque lieu honorable, aux frais du Comté ou de la ville, en dehors de l'enceinte de toute prison ou de tout dépôt. Quand un enfant sera condamné à la réclusion dans un lieu où sont incarcérés les condamnés adultes, il sera illégal de le placer dans le même bâtiment que ces condamnés, ou dans la même enceinte, ou dans tout bâtiment ou enceinte, où peuvent se trouver des condamnés adultes.

« § XII. — Agents des « Juvenile Refomatories ». — Ce sera le devoir du « Superintendant » des « Réformatories d'Etat » à Pontiac, du Conseil de direction du susdit Reformatory, du Conseil de Direction de la maison d'Etat pour les jeunes filles coupables de Geneva, et du Conseil de Direction de tout autre institution à laquelle la Cour peut confier les jeunes délinquants, d'entretenir un agent qui examinera les habitations des enfants « paroled » (contrôlés) dans le but de rapporter et de certifier à la Cour que ces Maisons sont honorables, d'assister les enfants contrôlés ou libérés de contrôle dans la recherche d'emplois honorables, et de maintenir une surveillance paternelle sur les enfants contrôlés, tant que durera ce contrôle. Ces agents exerceront leurs fonctions sous la direction du Conseil qui les emploiera et seront rémunérés par ce conseil, sur les propres fonds de l'Institution.

« § XIII. — Surveillance des Commissaires de l'Assistance publique. — Toutes les associations recevant des enfants dans les conditions prévues par cet acte, seront soumises aux mêmes visites, inspection et surveillance de la part du Conseil du Commissaire de l'Assistance publique comme le sont toutes les institutions charitables de l'Etat. Le dit Conseil devra examiner annuellement toute association recevant ou désirant recevoir les enfants. Toute association devra, chaque année, à l'époque déterminée par le Conseil, faire à celui-ci un rapport sur ses conditions, son aménagement et sa compétence à l'égard des soins à donner aux enfants, et de toutes autres obligations imposées par le Conseil. Chaque fois que le Conseil sera satisfait et déclarera telle association compétente et susceptible de prendre des enfants en charge, il délivrera un certificat à cet effet, lequel certificat vaudra pour une année à moins qu'il ne soit révoqué. Aucun enfant ne sera confié à une association n'ayant pas reçu de certificat dans les quinze mois qui auront précédé. La Cour pourra en tout temps, requórir de toute association recevant cu désirant recevoir des enfants dans les conditions indiquées par cet acte, un rapport, une information ou un état, selon que le juge l'estimera nécessaire. La Cour, dans aucun cas, ne sera requise de confier un enfant à une association dont la situation, la direction, l'habileté ou la compétence en ce qui concerne la garde des enfants lui paraîtront insuffisantes.

« § XIV. — Incorporation des associations. — Aucune association ayant pour objet la garde des enfans s abandonnés, négligés ou délinquants, ne sera incorporée à l'avenir, à moins que les articles proposés à l'incorporation n'aient été soumis à l'examen du Conseil des commissaires de l'assistance publique. Le Secrétaire d'Etat ne délivrera aucun certificat d'incorporation à moins qu'il n'ait reçu le certificat dudit Conseil, attestant que les articles soumis à l'incorporation ont été examinés, et que les auteurs de ces articles, sont, à son estimation, des personnes compétentes et honorables, que l'œuvre proposée est nécessaire, et que l'incorporation est désirable pour le bien public.

« Les amendements proposés aux articles incorporés qui auront pour objet les soins et la garde des enfants abandonnés négligés ou délinquants, seront soumis dans les formes ci-dessus indiquées, au Conseil des Commissaires de l'Assistance publique. Le Secrétaire d'Etat n'admettra l'amendement et ne délivrera le certificat qu'au reçu du certificat dudit Conseil, attestant que l'amendement a été examiné, que l'association en question remplit, à son estimation, les conditions de la tâche qu'elle assume et que ledit amendement est désirable pour le bien public.

« § XV. — Responsabilité des enfants abandonnés. — Adoption. — Il est légal pour les parents ou le parent survivant, les gardiens ou toute autre personne ayant la responsabilité d'une enfant abandonné ou négligé, de passer avec une association incorporée sous une loi

publique ou privée de cet Etat, un accord, dans le but
de donner à celle-ci la charge de l'enfant, laquelle
charge, l'association ou la famille qui recevra l'enfant prendra et conservera tout entière. Un tel accord
pourra contenir toutes stipulations à cette fin, autoriser l'association à comparaître par son agent dans
toute procédure d'adoption légale de l'enfant, et à
consentir à cette adoption. L'arrêt de la Cour rendu sur
ce consentement liera l'enfant, ses parents, gardiens ou
autres personnes, comme si ces derniers avaient personnellement comparu devant la Cour pour y consentir.

« § XVI. — Associations étrangères. — Aucune association incorporée sous les lois d'un autre Etat que
l'Illinois, ne placera un enfant dans une famille, appartenant à ce dernier Etat, dans le but de l'y faire adopter
ou dans tout autre but, à moins que cette association
n'ait prouvé au Conseil des Commissaires de l'Assistance
publique avec toutes les garanties que celui-ci pourra
requérir que l'enfant placé par elle ou par ses agents
dans l'Illinois, n'a aucune maladie contagieuse ou incurable, ou aucune infirmité, qu'il n'est pas faible d'esprit, ni de tempérament vicieux. La dite association
retirera promptement de cet Etat, tout enfant qu'elle
y aura placé et qui deviendrait une charge publique
dans la période de cinq ans qui suivrait son arrivée
dans l'Etat. Toute personne qui recevra, pour le placer
dans une famille, et qui en fait placera dans une famille,
un enfant appartenant à une association étrangère,
sans s'être conformée aux prescriptions de cet acte,
sera emprisonnée dans la prison du Comté, pour une
durée qui n'excédera pas 30 jours, et condamnée à une
amende qui ne sera pas moins de 50 dollars et ne dépassera pas 100 dollars. Les deux peines pourront être
cumulées à la discrétion de la Cour.

« § XVII. — Préférences religieuses. — La Cour qui
admettra les enfants, les confiera, autant qu'il sera possible, aux soins et à la garde de personnes appartenant

à la même confession religieuse que les parents dudit enfant, ou les confiera à une association dont le contrôle sera assuré par des personnes appartenant à la même confession religieuse que les parents.

« § XVII. — Conseils des visiteurs du Comté. — Le juge de chaque comté nommera un Conseil de six habitants honorables qui, sans indemnité, constituera un Comité d'inspection chargé de visiter, une fois par année au moins, toutes institutions, sociétés et associations recevant des enfants aux termes de cet acte. Les visites seront faites par deux membres au moins du Comité, qui rédigeront un rapport. Le Comité lui-même fera, à diverses époques, un rapport à la Cour sur ces associations, et fera un rapport annuel au Conseil des Commissaires de l'Assistance Publique, dans la forme que déterminera ce Conseil. Le Comité du Comté peut arbitrairement répartir les dépenses annuelles et nécessaires effectuées par les visiteurs dans l'accomplissement de leurs devoirs officiels.

« § XIX. — Pouvoirs de la « Juvenile Court ». — Les pouvoirs et devoirs prévus dans cette loi et qui devront être exercés par la Cour du Comté, seront, dans les comtés comprenant plus de 500.000 âmes, exercés par la « Circuit Court ». Les juges seront désignés par cette dernière comme ci-dessus.

« § XX. — Ecoles industrielles et professionnelles non affectées. — Rien dans cet acte ne sera interprété comme abrogeant une partie de l'acte concernant les écoles industrielles de jeunes filles, l'acte prévoyant et encourageant les Ecoles professionnelles de garçons, l'acte établissant les établissemnts correctionnels de l'Illinois, ou l'acte instituant une Maison d'Etat pour les jeunes filles coupables et il en sera de même pour tout renvoi aux actes régissant ces institutions.

« § XXI. — Interprétation de l'acte. — Cet acte sera interprété librement et de la manière la plus conforme à son but. Les soins à donner à l'enfant, la garde et la discipline qui lui sera imposée, devront dans la mesure du possible, approcher de l'autorité paternelle. Toutes les fois que cela pourra se faire, l'enfant sera placé dans une famille honorable, et deviendra, par adoption légale ou autrement, l'enfant de cette famille.

« § XXII. — Chaque fois que la Cour jugera un enfant abandonné, négligé ou délinquant, elle pourra, suivant la même procédure, rechercher si les parents de l'enfant assignés ou volontairement comparants, peuvent supporter la charge de l'enfant ou contribuer à la supporter. S'ils le peuvent, la Cour rendra, conformément à l'équité, un arrêt ou décret, à l'exécution de quoi ils seront contraints par tous les moyens dont dispose légalement une Cour pour faire respecter ses arrêts ou décrets.

« Passé en force de la loi telle qu'elle est amendée, 1er juillet 1901. »

Telle est la loi que vota et promulgua il y a trois années seulement le législateur de l'Illinois. Je lui ai volontairement laissé sa physionomie propre, et si je puis dire, américaine. Telle qu'elle nous apparaît dans son texte elle semble n'instaurer que des principes connus dès longtemps chez nous. Mais qu'on ne s'y méprenne point. Ce qui est nouveau, original et parfois étonnant, c'est l'application, telle qu'elle est comprise aux États-Unis. Avant d'examiner, en quelques lignes, l'économie de la loi, je tiens à dire que vingt-six États sur quarante-cinq se sont, à la suite de l'Illinois, pourvus de lois semblables. L'institution des « Juvenile Courts » paraît presque partout définitivement adoptée. On mène campagne pour l'obtenir dans les États où elle n'est point encore introduite et, là où elle existe, on en dit grand bien. J'ai, dans ce moment, sous les yeux, une brochure, dont la première feuille porte sur deux cartouches cette affirmation. « Il est plus sage et moins coûteux de sauver les enfants que de punir les criminels », puis cette profession de foi :

« Nous plaidons pour l'établissement d'une « Juvenile Court » dans tous les Etats de l'Union. »

Revenons à la loi de l'Illinois. Elle n'est guère qu'un long commentaire d'elle-même, et il serait superflu d'en revoir toutes les prescriptions. Je veux seulement en tirer les idées générales sur lesquelles on va constituer la nouvelle juridiction.

La section première est consacrée à la définition des différents types d'enfants qui tombent sous le coup de la loi. Tout d'abord les enfants assistés « dépendent children » (J'aurais voulu trouver une traduction plus exacte du mot « dépendent ». Il désigne au juste les enfants qui doivent, par suite des circonstances indiquées surabondamment dans le texte, tomber à la charge de l'Etat). Qu'on le remarque, le législateur a poussé très loin le souci des détails. J'attire l'attention du lecteur sur les dernières lignes du paragraphe premier. Il n'est pas un de nous, qui n'ait vingt fois formulé ce vœu que les jeunes enfants qui chantent dans les rues, devant les cafés, où vendent des objets (volés d'ordinaire) ou font des tours d'équilibre ou tendent tout simplement la main, soient séparés de ceux qui les poussent à exercer ces métiers, sous lesquels se dissimulent de plus tristes commerces. On sait que la France est fort en retard sur les nations même voisines à ce point de vue. Rappelons le scandale — car c'en est un — qui éclate de toutes parts les jours de fêtes, 1er janvier, 14 juillet. Les villes sont pleines d'enfants, de petits chanteurs surtout et il n'y a guère de temps que j'assistai à ce triste spectacle, deux enfants de dix à huit ans environ, errant de trottoir en trottoir pour répéter ici et là les couplets d'une chanson sinon obscène, du moins légère. Rappelons encore les petits marchands de journaux, les petites marchandes de fleurs, tout ce monde interlope en miniature dont on sait trop où il va, si on ignore souvent d'où il vient. L'Angleterre a déjà enrayé le mal sans fermer complètement l'accès de ces petits métiers aux enfants qui les exercent honnêtement. Les jeunes vendeurs de journaux doivent par exemple à Londres, se faire délivrer une licence, et, l'ayant obtenue, se trouvent par là-même placés sous la protection et la surveillance d'une association charitable qui s'est fondée à cet effet.

Le Législateur de l'Illinois a spécifié que les enfants livrés à ce vagabondage deviennent, de ce fait, « dependent children ». Et il a bien fait, si j'en crois cette déclaration dictée par la vieille expérience d'un homme entièrement dévoué à l'enfance coupable : « C'est le jeune criminel violent et égaré par la colère d'une heure qu'il faut préserver, si on veut le sauver, de la compagnie dégradante et dissolvante des enfants *simplement mendiants et vagabonds* ».

La seconde catégorie visée par la loi est celle des « délinquant children » les enfants délinquants. La loi reconnaît implicitement qu'il n'y a pas d'enfants coupables. C'est une opinion générale parmi le personnel de la «Juvenile Court » de Chicago que j'ai eu l'honneur d'approcher, et aussi, je pense, parmi tous ceux qui prennent soin de l'enfance, que si l'enfant est l'auteur d'un délit il n'en est point l'auteur responsable. La culpabilité retombe sur le milieu où a grandi l'enfant et le rédacteur de l'apologie des «Juvenile Court»,dans son enthousiasme, n'hésite pas à la faire retomber sur lui-même et jusque sur l'Etat. Voici comment il s'exprime: « Le véritable criminel n'est pas l'individu lui-même, mais le corps social tout entier qui a permis que des circonstances existent qui ne peuvent produire que des criminels. » Tout ceci n'est pas très neuf ; je ne le présente pas comme tel, mais ce qui est d'une hardiesse inconnue chez nous, c'est d'avoir agi dans le sens rigoureux du principe dégagé, de s'être interdit de frapper l'enfant, et d'avoir eu le sentiment de la responsabilité collective, assez pour la faire passer de la théorie à la pratique.

Les articles II et III sont consacrés à l'organisation

de la Cour. La Cour, aux États-Unis, se compose d'un seul juge. Celui de la « Juvenile Court » sera désigné, suivant les cas, par la « County Court » ou la « Circuit Court ». Et il n'y aurait rien de plus à dire sur ce sujet, si toute l'économie de la loi ne reposait précisément sur le magistrat qui va être chargé de l'appliquer. Quels seront ses pouvoirs ? On pourrait, en consultant les Sections VII, VIII et IX de la loi les croire limités dans une certaine mesure. Ce serait bien mal connaître le tempérament du peuple de l'Union. Le juge aura, dans la réalité pratique, tous les pouvoirs ; il sera, sans appel possible, l'arbitre souverain du sort de l'enfant et, par suite, du sort de ses parents. Le droit sacré du Père de famille qui demeure chez nous entouré de garanties, dans les cas mêmes où il y faut porter atteinte, la « Court » (c'est le juge) l'anéantira, le restreindra, le maintiendra à sa volonté. Son Honneur, investi de la puissance que lui confère l'État, examinera à la lumière de sa seule sagesse et de sa seule impartialité quelle est la solution qui, en l'espèce, sera meilleure, et pour l'enfant et pour la société. Voilà ce qu'on rencontre chez ce peuple qui montre quelque orgueil d'être libre.

M. Boutmy, à propos du caractère Anglo-Saxon comparé au caractère Français, a ingénieusement remarqué que le premier agit suivant la nécessité et au fur et à mesure qu'il est nécessaire. D'où la très grande souplesse de ses Constitutions qui ne sont jamais des systèmes. La France, au contraire, avec son goût très vif de l'abstraction, proclame avant toute réforme quelques axiomes philosophiques. D'où les pompeuses déclarations des Droits qui ont si souvent précédé nos constitutions. Nous formons un moule où devront se couler les évènements ; s'ils résistent c'est le moule qui éclate, et il faut en changer.

Les pouvoirs absolus que confère la loi à la « Juvenile Court » me remettent en mémoire cette vérité profonde. Que dirions-nous de placer ainsi dans les mains d'un

homme — fût-ce un magistrat — le sort des familles
sans restrictions légales? Comment les Droits de l'Homme s'accommoderaient-ils d'une telle réforme ? Je
m'empresse d'ajouter que, dans une mesure aussi large, elle ne serait pas souhaitable dans notre pays. Les
résultats qu'elle donne en Amérique sont bons — m'a-t-on dit — surtout dans ces Etats industriels du Nord
où se développent d'une manière complète les qualités
vraiment américaines, à savoir : le civisme et la tolérance religieuse. Il me fut avoué que dans le Sud, au
Kansas notamment, la « Juvenile Court » ne restait pas
toujours indifférente à la politique ni aux querelles confessionnelles. Mais ce sont là de simples propos que
rien ne m'a permis de vérifier.

Dans tous les cas, cette anomalie d'un juge presque
souverain chez le peuple du gouvernement populaire
et du jury n'est guère remarquée. La force des choses
les a conduits là. Ils n'ont d'ailleurs pas écarté les ju-
rés, puisque tout citoyen peut exiger même devant la
« Juvenile Court » que son cas leur soit soumis. Mais,
en fait, le jury n'a pas à statuer et il n'y fût pas une
fois fait appel, au cours des trois longues audiences
que j'ai suivies. Quant à justifier cette anomalie, ils n'y
songent point... Ou plutôt, ils la justifient de la manière
qui leur est propre. J'exprimai au délégué des « Juvenile Court », à l'Exposition de Saint-Louis, ma surprise
de voir un homme détenir seul, une si haute puissance. Il me répondit avec cet optimisme un peu vaniteux qu'ils ont tous : « Oh! We have only splendid
men ». « Nous n'avons que des hommes splendides ».

« Splendid men » ! C'est tout et c'est considérable.
Oui, l'honneur, la liberté, la dignité des familles sont
dans les mains d'un seul homme qui est le juge, et ils
se sentent pleinement rassurés, parce que ce juge est
un « splendid man » ! Elu comme tous les magistrats
de l'ordre judiciaire, il est choisi par ses pairs, et c'est
encore une de leurs fiertés qu'on ne commette guère
à ce poste que des pères ou des grand-pères.

Ce sont là des détails où nos législateurs n'ont point coutume de descendre. Et je ne serais point surpris si un hasard voulait qu'on instaurât en France les « Juvenile Courts », d'y voir placer nombre de magistrats célibataires. Les Américains ont avant tout beaucoup de bon sens. Il leur a paru que pour être bien jugé, l'enfant devait comparaître devant un homme habitué lui-même aux enfants, habile à captiver leur confiance, à provoquer leurs aveux, à se faire entendre d'eux, à ouvrir leurs jeunes intelligences, à forcer leurs petites volontés. Et ils se sont inquiétés de ce point, beaucoup plus que d'accorder avec l'ensemble de leurs institutions, l'institution nouvelle qu'ils venaient de créer. Et l'ensemble, à tout prendre, n'a pas eu à en souffrir.

Le second organe de la Cour, celui qui, aux yeux des fervents de la loi, paraît plus important encore que le Juge lui-même, c'est le corps des « probation officers » ou officiers de surveillance. La formation de ce rouage a donné lieu, paraît-il, à des difficultés pécuniaires considérables. Payés ou non, les « probation officers », tant hommes que femmes, se trouvent aujourd'hui en nombre suffisant pour assurer le service de la « Juvenile Court » de Chicago.

Les fonctions de ces officiers sont à la fois celles de nos magistrats de police, et celles de nos magistrats de parquet. Devant la Cour, ils solliciteront une décision, et très souvent la proposeront. Comme ils ont été choisis avec soin, le juge — j'ai pu m'en rendre compte par moi-même — attache une grande importance à leur avis.

Hors de la « Court », ils agissent sous les ordres d'un chef « Probation officer » dans le rayon du district qui leur est personnellement confié. Leur premier et principal rôle, c'est de rechercher les enfants pouvant entrer dans l'une des trois catégories que définit la Section I de la loi. Ces enfants seront, ou bien rencontrés par l'officier lui-même dans un mauvais lieu, ou dans une attitude suspecte ; ou bien ils seront signalés par la police, ou, comme nous le verrons, par un citoyen quelconque. L'enfant connu, il appartient au Probation officer de procéder sur son compte à une enquête minutieuse. Il devra se renseigner d'abord sur le « curriculum vitæ » de l'enfant, sur ses parents, sur les dangers qu'il court, sur son assiduité à l'école. Il aura le droit de pénétrer dans la maison, d'exiger qu'on lui montre la pièce où dort l'enfant, et toutes ces observations, il les rapportera au juge.

Si l'enfant est un jeune délinquant, la Cour basera sa décision sur les renseignements qui lui seront apportés. De même, s'il s'agit d'un enfant négligé par suite d'indigence ou de mauvaise volnté ou d'impossibilité fortuite. Tel est le rôle que rempliront les « Probation officers » avant toute procédure. Il arrive souvent que, la décision du juge une fois rendue, ils doivent, sur le même enfant, continuer leur surveillance. Je veux parler des enfants « paroled ». Cette expression se traduit en français par le mot « contrôlés ». Le juge, en effet, peut décider que les faits, rapportés sur l'enfant ou contre ses parents, ne nécessitent pas, d'urgence, une mesure radicale de suppression et de déchéance. Il déclare alors que l'enfant sera « paroled », c'est-à-dire placé sous la surveillance spéciale d'un « Probation officer », qui sera, selon la propre expression du juge, « comme la main de l'État perpétuellement levée sur la famille de l'enfant ». D'ailleurs, l'officier rendra compte au juge de ses démarches, le tiendra au courant de la conduite de l'enfant, de ses efforts et de ceux de ses parents, et le mettra à même, si un nouveau danger s'annonçait, d'y parer d'une manière efficace et préventive.

Dans ces grandes lignes, telle est la mission délicate que confie la loi au « Probation officer » des « Juvenile Courts ». J'ai dit qu'on y rencontrait des hommes et des femmes. Presque tous sont d'anciens membres de ces associations charitables qui, dès avant la loi, prodiguaient leurs secours aux misères de l'enfance. Tous ont une compétence remarquable, et presque tous se consacrent à leur tâche avec un entier dévouement.

Il faut cependant se demander, à leur propos, si les pouvoirs très grands et très vaguement définis qui leur sont attribués, ne risquent point de devenir abusifs par suite de l'excès d'un zèle qui, pour être louable, ne laisse point cependant que d'être dangereux. Chez les femmes notamment, (et j'en ai vu quelques exemples à la « Juvenile Court de Chicago »), on rencontre parfois une philanthropie débordante, une sentimentalité par trop inquiète, et pour tout dire, quelque exagération dans les mesures préservatrices qu'elles proposent. A ces constatations, un des auxiliaires de la Cour répondit par cette simple phrase : « Je ne pense pas que le juge accorde trop facilement la déchéance des droits paternels. »

Il faut donc en revenir à la sagesse du juge et à la confiance que ses concitoyens ont placée en lui. Il constitue la seule garantie des citoyens. Le père de famille cité devant la Cour à l'occasion d'une faute de son enfant, n'a rien à espérer que de l'esprit de justice et de raison qui dictera la sentence. On ne paraît pas s'en plaindre à Chicago, et c'est tout à l'honneur des juges qui ont jusqu'ici occupé le siège. Je le répète, ce qui pourrait être chez nous le grand vice de l'institution, apparaît de l'autre côté de l'Océan comme son principal mérite. La garantie est dans l'homme non dans la loi. C'est une différence de points de vue, et j'en ai bien peur aussi, une différence de moralité entre deux peuples.

Les articles IV et V de la loi font participer tous les citoyens au mouvement de lutte contre les progrès de la criminalité infantile, et, par suite, à la bienfaisante campagne pour le sauvetage de l'enfance. On me permettra d'évoquer ici une mémoire bien chère, celle de mon père, le professeur Gayet. Consacrant durant de longues années, modestement, à la protection de l'enfance, tout le temps qu'épargnaient ses travaux scientifiques et ses obligations professionnelles, il m'a bien souvent développé cette idée : qu'un citoyen digne de ce nom, ne devrait pas assister indifférent au spectacle que donnent chaque jour, dans nos rues, de malheureux enfants, vagabondant aux heures d'école, fumeurs précoces, et rencontrés d'une façon générale dans des attitudes qui dénoncent clairement le péril moral où ils se trouvent. Il recherchait alors quel remède était applicable à cette maladie sociale et regrettait que la loi n'eût pas encore fait appel à l'union de tous les honnêtes gens dans cette œuvre de salubrité publique.

Cette idée, inspirée par un généreux sentiment civique, je la retrouve réalisée aux Etats-Unis. Et non seulement le principe est posé dans la loi, mais, ce qui est mieux, il est appliqué dans la vie. Toute personne honorable « réputable » peut et doit dénoncer à la « Juvenile Court » l'enfant qui court le risque de se pervertir, celui que martyrisent ou séquestrent ses parents, celui qui est sans ressources, et même celui qui fait, suivant le joli mot qui dans nos grandes cités désigne trop souvent une triste chose : l'école buissonnière.

Faut-il rappeler ici ces drames lamentables dont toute la presse gémit à certaines heures ? Ces petits êtres torturés pendant des mois et même des années, sans que les voisins, par indifférence ou pusillanimité, aient pour lui un geste de protection ? Il n'en est pas ainsi — on me l'a affirmé et je le croirais volontiers — aux Etats-Unis. Cette très noble conception qu'ils ont des devoirs du citoyen, cette fierté de la conscience publique dont ils se targuent, non sans raison, il faut bien l'avouer, intéresse chaque individu au sort des faibles. L'activité d'ailleurs, des « probation officers » laisse peu de place à l'initiative privée, mais j'ai vu, dans le cours de trois audiences, plusieurs cas soumis au Juge, sur la déclaration de personnalités absolument étrangères à la « Juvenile Court ».

Que fera-t-on des enfants appartenant à l'un des trois types : dependent, reglected ou délinquant ? J'ai dit que le juge, grâce à ses pouvoirs illimités, choisissait la solution la plus adéquate aux besoins, au caractère de l'enfant ; mieux, le remède le plus sûr pour la maladie dont il est atteint. Ces remèdes sont de nature très diverses. Le sauvetage de l'enfant est singulièrement facilité : d'abord, par la grande aisance avec laquelle il peut être soustrait aux influences fâcheuses de son milieu, puis par l'aisance non moins considérable avec laquelle le tempérament américain, joint à la largeur de la loi, permet de l'adapter à un milieu nouveau.

De la déchéance de la puissance paternelle, tout est dit. Le juge la prononcera quand il la jugera nécessaire.

De l'adaptation à un milieu nouveau, nous tirerons plus de détails originaux.

L'adoption, aux Etats-Unis, et en particulier dans l'Illinois (car il faut tenir grand compte de la multiplicité des législations) est particulièrement aisée. Point de ces conditions d'âge ou d'état, qu'impose notre Code civil, à juste titre, me permettra-t-on d'ajouter. N'oublions pas qu'il s'agit là -bas d'une nation qui se forme, de territoires immenses à cultiver, d'un formidable mouvement de race en pleine croissance. Il s'agit plutôt d'organiser les familles que de les maintenir. On a donc permis d'adopter à qui veut être adoptant. Et peu importent les droits des autres enfants. On ne tient pas ces Droits diminués par l'introduction d'un étranger dans la famille. D'ailleurs, nous ne parlons pas ici du patrimoine de l'enfant mais seulement de sa personnalité. Quant au respect de la volonté de l'enfant adopté, le législateur a considéré avec sagesse, que, sorti d'une famille indigne ou incapable, il n'avait pas à se plaindre d'entrer dans un milieu plus sain. Et c'est ainsi que le juge, chaque fois qu'une personne honorable lui propose de se charger de l'enfant, accède, après enquête favorable, à cette proposition. Devant moi, un père de cinq enfants en veut adopter un sixième, un pauvre gamin de six ans qu'un père ivrogne brutalisait. Et qu'on ne voie pas ici une mesure semblable à celle que nos juges d'instruction peuvent prendre, aux termes de la loi du 19 avril 1898. L'enfant entre bel et bien, et sans jugement subséquent, dans .a nouvelle famille, et se trouve au point de vue légal, uni à l'adoptant comme un fils à son père, et réciproquement.

Cette adoption n'a pas toujours lieu directement devant le juge. Elle peut être décidée par l'Association à qui l'enfant a été confié par la « Juvenile Court ». Cette association en prend alors toute la responsabilité. Ces associations sont nombreuses. Elles appartiennent a toutes les confessions, à toutes les sectes. La loi indique suffisamment quel est le contrôle que l'Etat se réserve sur leur fonctionnement. Le juge doit — on l'a vu — aux termes de l'article XVII, remettre l'enfant à une association appartenant à la même religion que ses parents. C'est une mesure très sage et qui ne souffre, étant donné l'admirable tolérance religieuse des Américains, aucune difficulté.

Il existe certains établissements publics, entretenus aux frais de l'Etat et dirigés par des fonctionnaires. Ils sont rares, d'ailleurs. De ce nombre, la maison d'Etat pour les jeunes filles coupables et quelques maisons pour les jeunes garçons.

Dans toutes ces maisons, on s'efforce, comme on le fait en France, de donner aux enfants une instruction élémentaire et une éducation professionnelle. Je dois, d'ailleurs, m'en tenir à ces généralités, n'ayant pas eu le temps de les visiter ni de me renseigner complètement sur elles.

J'ajouterai cependant cette remarque qui me semble à sa place ici : tous ces moyens doivent être effectifs sur les enfants susceptibles d'être corrigés ou sauvés Je veux dire ceux qu'aucune tare physiologique, au-

cune hérédité redoutable n'atteint. Et les incorrigibles ?
Les personnes auprès de qui j'ai sollicité des explica-
tions m'ont semblé rejeter les théories déterministes,
ou mieux les ignorer. Elles conviennent très peu à ces
tempéraments de combat et d'audace, dont le premier
moyen d'action est l'affirmation catégorique que rien
n'est impossible. Il y a cependant des incorrigibles aux
Etats-Unis comme ailleurs. Ils doivent, pour qui peut
observer de près, faire une ombre appréciable au ta-
bleau qu'on nous présente des résultats heureux de la
réforme. Sans doute ils suivent le même sort que nos
incorrigibles à nous, sortent des maisons correction-
nelles et deviennent de lamentables récidivistes. L'orgueil américain les dissimule à l'étranger, et je soup-
çonne même que l'optimisme met un bandeau aux pro-
fessionnels nationaux eux-mêmes.

Dans tous les cas, il n'est pas téméraire de penser
que, s'il existe des irréductibles aux Etats-Unis, il doit
en exister moins qu'ailleurs. La nation est plus jeune,
plus vigoureuse, l'étendue du territoire offre des déri-
vatifs plus aisés, et l'énergie instinctive du milieu empêche, j'imagine, dans une certaine mesure, la perpé-
tuité des tares honteuses et des misères navrantes parmi lesquels croupissent chez nous trop de malheureux.

J'en viens enfin à la dernière idée qu'il faut extraire
de la loi, et mettre en lumière pour en bien voir la
portée. C'est la plus saillante, la plus féconde, la plus
sage assurément, et c'est chez nous la plus banale et
pourtant la moins appliquée. Je veux dire que l'enfant
ne doit jamais, sous aucun prétexte, fût-ce pour une
minute seulement, être mis en prison.

Sans doute, nous ne voyons guère qu'on incarcère
chez nous de très jeunes enfants. Mais enfin ! S'ils ne
pénètrent pas dans les grandes geoles centrales et même départementales, les petits êtres misérables par

abandon ou négligence, passent trop souvent une nuit
au violon ou au Dépôt parmi des adultes dont la seule
approche constitue pour eux le plus redoutable des
dangers. Et si, dans nos très grandes villes, foyers de
réflexion et d'inteligente bienfaisance, des sociétés pri-
vées, de hautes initiatives ont aménagé quelques refu-
ges où sont amenés provisoirement, et jusqu'à une décision, à intervenir, les enfants arrêtés ou recueillis sur
la voie publique, qu'on fasse le compte des villes de
France où n'existe aucune société semblable, où les
enfants sont purement et simplement traités comme
des hommes. Et même à **Paris**, à **Lyon**, à **Lille**, à **Bor-
deaux**, nombre de petits délinquants échappent à l'attention, forcément en défaut, de leurs protecteurs vo-
lontaires, et subissent malgré tout le funeste contact.

La loi des « Juvenile Court » a déclaré « illégal », et
ce mot a toute sa force, l'introduction d'un enfant, non
pas seulement dans un local où se trouveraient des prévenus ou condamnés adultes, mais dans l'enceinte même à l'intérieur de laquelle des prévenus ou condamnés pourraient se trouver. C'en est fait, l'enfant dont on
a dit d'abord que jamais il n'était coupable, est complètement séparé de ses aînés dans le crime. Il ne peut
plus recevoir leurs leçons. S'il n'est pas moins mauvais
il ne le sera pas davantage en sortant de prison qu'en
y entrant, et cela est considérable.

Et l'application rigoureuse de ce principe soulève
moins de difficultés qu'on ne le croit. Il existe un grand
nombre de maisons où déposer l'enfant jusqu'à sa comparution devant la Cour. L'intervalle n'est jamais bien
long. Arrêté le matin, on l'y conduit le soir. Mais il se
peut que l'arrestation ait lieu le samedi soir. Cela fait
près de quarante-huit heures jusqu'au lundi, durant
lesquelles les « Probation officers » lui assurent un refuge dans un « Reformatory » (maison correctionnelle)
ou tout autre établissement recevant des enfants coupables.

On le voit aisément, la loi des « Juvenile Courts » a

inauguré un régime d'ensemble de sauvetage de l'enfance. Ce qu'il faut remarquer avant tout, c'est l'attribution d'une compétence spéciale sur toutes les affaires où est impliqué un enfant, à un juge unique, ayant l'expérience des jeunes êtres qu'il est appelé à réformer. Et d'une manière plus large, la création de tout un organisme judiciaire, plus à la taille des petits justiciables, moins intimidant que la terrible machine faite à broyer les hommes, où nous laissons, nous, broyer trop d'enfants avant le temps. Intimidera-t-on moins les coupables ? Je ne sais. Mais d'abord, en ce qui concerne les enfants, faut-il penser à l'intimidation ? Ce n'est point l'avis du juge de Denver, qui, d'une longue pratique, a dégagé cette simple notion que « l'enfant doit être plus effrayé d'avoir mal agi que de s'être laissé prendre » Et ce bon juge ajoute : « Je ne crois pas en la doctrine de la peur ».

Nous ne pouvons guère y croire, nous autres Français, qui, après avoir aperçu les effets de la répression, sévère cependant chez nous, sommes obligés d'avouer que le mal empire, et que la question de l'enfance coupable prend de jour en jour, plus d'acuité.

Je n'entreprendrai certes pas d'examiner ce qui, dans le système de la loi américaine pourrait utilement être importé dans notre pays. Les deux milieux sont trop dissemblables pour permettre d'affirmer qu'une institution, bonne dans le premier, serait bonne encore dans le second. Trop de facteurs étrangers à l'intérêt véritable de l'enfant et de la société interviendraient sans doute dans l'application que nous voudrions en faire. J'ai seulement essayé de montrer qu'avec son bon sens clairvoyant, l'Américain avait su profiter de nos écoles et nous devancer dans le progrès à cet égard.

Faut-il maintenant donner les résultats absolus ? Cela serait difficile, je ne pourrais les emprunter qu'aux documents qu'on a bien voulu me remettre. Or, je me rappelle que les citoyens de l'Union ont un optimisme un peu déformant, et leurs statistiques doivent être acceptées sous toutes réserves.

Le plus clair de leurs résultats, le seul qui signifie quelque chose est le suivant :

A Chicago, dans les deux années qui ont précédé le vote de la loi, 1.071 enfants passèrent en prison. Depuis le vote de la loi, 70 enfants seulement furent incarcérés !

La Cour a jugé 10.754 cas d'enfants, en a commis 4.768 aux diverses institutions qui les reçoivent, en a placé 2,613 sous la surveillance des « Probation officers ».

En réalité, ces chiffres sont un peu vains, un seul résultat pourrait être décisif, et ils ne sont pas encore en mesure de le fournir. Ce qui donnera raison ou tort au système ce sera l'abaissement ou la persistance de la criminalité chez les jeunes gens de seize à vingt et un ans. Dans quelques années, seulement, les « Juvenile Courts » auront fait leurs preuves.

Tous ces renseignements généraux m'ont été fournis par le texte de la loi, quelques conversations avec certains apôtres de l'idée et par la lecture des minces brochures éditées à l'occasion de l'Exposition universelle de Saint-Louis.

Il me restait à profiter de mon passage dans la ville de Chicago, ce berceau de la jeune institution, pour la voir fonctionner sous mes yeux. C'est à la description, bien impuissante d'ailleurs, de ce que j'ai vu, que j'arrive. Il m'a été donné, grâce au très aimable accueil que me fit S. H. le juge Mack, juge de la « Juvenile Court », d'assister, aux côtés mêmes de la Cour à trois audiences successives. Et ce sont ces audiences, bien plus que les textes, qui frappent et, il faut le dire, séduisent l'étranger. Qu'on ne s'étonne pas de la puérilité de certains détails. N'oublions pas que s'il s'agit de la justice, il s'agit surtout des enfants, et cette puérilité même entre pour beaucoup dans le charme très suggestif de ce spectacle. L'impression qu'il vous donne est à la fois na-

vrante et pleine de réconfort. *Navrante*, parce que c'est
non pas un abrégé de toutes les misères et de toutes les
hontes humaines, mais l'épanouissement même de ces
misères et de ces hontes auquel on assiste. Car on
entend bien que les malheureux petits êtres qui défi-
lent à la barre sont les résultantes du crime et du vice
modernes. *Réconfortante*, parce que dans une nation
capable d'un si viril effort, d'une santé si vigoureuse,
d'un optimisme si courageux, on sent bien que le mal
s'enrayera. Puisse la France trouver, elle aussi, de
semblables remèdes et l'énergie de les appliquer.

Le fonctionnement de la « Juvenile Court » comprend
trois branches. La première audience est consacrée aux
enfants qui désertent l'école. La seconde aux enfants
délinquants. La troisième aux enfants « dependent »,
c'est-à-dire laissés sans ressources et à la charge de
l'assistance publique.

Il faudrait la plume singulièrement émue d'un Dic-
kens pour bien décrire la scène et le drame étrange qui
s'y déroule.

C'est dans le « City Hall » (Hôtel de ville) de Chicago
que sont installées les différentes chambres de la Cour.
Au fond d'un long couloir, une double porte vitrée, c'est
là que siège la « Juvenile Court ». Une grande salle,
analogue aux salles d'audience de nos tribunaux ; un
prétoire en tout semblable aux nôtres, si ce n'est qu'on
y circule plus librement et que le tout a un aspect
moins solennel. Le juge siègera dans une large chaire
surélevée, mais, comme il faut, pour inspirer aux enfants quelque confiance, ne pas les interpeller de trop
loin, il tournera son fauteuil de côté, et leur parlera séparé d'eux par le rebord de son bureau. Point de costume d'ailleurs ; le juge américain fuit l'apparat. Lui
parle qui veut durant l'audience. En vérité, il est impossible d'imaginer une justice plus familière, plus à la
portée de ceux qui vont comparaître devant elle.

Aujourd'hui, c'est le « Parental School day », le jour

des petits qui n'aiment pas l'école. Le spectacle est plutôt comique. Les prévenus ne sont guère dangereux et leur faute est de celles qui se pardonnent aisément, surtout quand le coupable n'a pas douze ans.

Le juge monte en souriant à son siège. Il parcourt des yeux la ruche, où son apparition ne fait régner qu'un silence relatif. Et c'est bien une ruche que cette grande salle où s'entassent plus de cent enfants très jeunes, garçons, fillettes, les uns bien vêtus, à tournure aisée, (c'est même la majorité), d'autres plus humbles, quelques-uns seulement tout à fait misérables. Tout cela babille, rit, je n'en vois pas pleurer. Ils ne sont pas encore intimidés, ils le seront davantage quand on les appellera à la barre du juge. Pour le moment, beaucoup s'ingénient à jouer... Les parents... ils montrent moins d'insouciance. Ils savent bien que les sévérités de la Cour iront à eux. Dès l'abord, ils s'emparent des « Probation officers », expliquent, discutent, s'excusent, cherchent à deviner les termes du rapport qui, dans un instant, sera fait sur eux. Quelques négresses, dont les petits négrillons se refusent à apprendre l'alphabet, roulent, dans la pénombre, de gros yeux blancs résignés.

Aux côtés du juge, le « superintendent » des Ecoles du Comté s'installe. Il servira dans cette journée, de ministère public. Une sténographe, non loin, prend note des décisions.

L'interminable appel commence. Les premiers nommés s'avancent. Le père ou la mère, parfois tous deux, et l'enfant qu'un « Probation officer » tient par la main. Le « Clerk » les arrête, dit la formule du serment, et tous, y compris l'enfant — futur citoyen — jurent de dire la vérité, toute la vérité. La procédure est simple : une seule feuille où sont inscrits tous les renseignements nécessaires. Le juge y jette un coup d'œil, puis se penche un peu, il examine le petit coupable. La conversation s'engage, enjouée souvent ; Son Honneur plaisante et l'enfant rit, dès lors la confiance est éta-

blic. Ou bien, l'enfant baisse la tête et pleure. Le juge
alors, sans souci de sa haute dignité, tire de sa poche
une bille ou un dé, qu'il pousse négligemment sur la
barre. Cela roule, on risque un œil, puis l'autre, on
sourit et voici que l'affaire est liée.

D'autres enfin discutent, ils revendiquent leur liberté, ils sont déjà américains, ceux-là. Alors s'établissent
des colloques exquis ; le juge ne craint pas de les pro-
longer. Au fait, je vois bien qu'il s'amuse un peu, se dé-
lasse avec tous ces Georges, ces Johns, ces Edwards,
qu'il appelle ses amis. La plupart ont de si joyeuses
figures, ils ont des réponses si drôles, si inattendues.
Témoin celui-ci qui affirme : « I don't want to learn
anything » « Je n'ai pas besoin de rien apprendre ». Et
cet autre déclarant que les « Grands garçons l'empê-
chent toujours d'atteindre l'école ». Oh ! ces grands,
quel rôle ils jouent dans ces imaginations minuscules !
Ils encouragent toutes les paresses, ordonnent toutes
les sottises ; on a beau être vertueux, on ne saurait
leur résister. Malheureusement le juge en a tant entendu de ces belles histoires ! il connaît si bien sa clien
tèle ! et tout cela finit par une légère semonce, par des
menaces pour rire, un encouragement à la mère ou parfois un avertissement plus dur, et l'on rentre au logis
délivré pour cette fois de la terreur de la « parental
school ».

Pour d'autres, la scène change. On les reconnaît bien
vite. Ils ont les yeux enfoncés et cernés, de petites têtes
précoces, maladives, ravagées par l'abus des cigares
qu'on fume en polissonnant dans les rues. Et l'on sent
le danger qui point. Il y a un redressement déjà à opé-
rer dans l'âme de ce petit enfant. Le juge est plus grave. Il obtient l'aveu, il se fâche... pas trop. Ce qu'il
faut pour intimider. Mais sa sentence est plus sévère :
« Jack, tu iras à la « Parental school », mon garçon, tu
apprendras à préférer la lecture et le calcul à la fumée
du cigare ». Alors ce sont des larmes, mais la sentence
est rendue, et le juge n'y veut pas revenir.

C'est surtout le procès des parents qui s'instruit. Ceux-là aussi se dénoncent par leurs réponses... leurs gestes... Nulle part n'apparaît mieux ce qu'il y a de disparate dans ce peuple, formé de tous les autres peuples. Noirs et blancs, Allemands, Polonais, Irlandais, Italiens se présentent tour à tour. Beaucoup entendent à peine l'anglais, mais le juge Mack parle trois langues et sait toujours ce qu'il veut savoir. La plupart des parents défendent leur enfant. C'est un excellent sujet, docile, travailleur. Sous nombre de ces protestations on perçoit l'humiliation de cette comparution. Parfois, un éclat fait pressentir que l'enfant paiera cher d'en avoir été le motif. Tous cependant ne sont point déraisonnables. Quelques-uns font chorus avec le « Probation officer » qui présente l'affaire. L'enfant doit être corrigé. Il s'entête à ne pas fréquenter l'école, le temps manque pour l'y conduire, comment l'y contraindre ? Je vois encore un grand Américain, membre probable de quelque secte rigide, qui s'approche, la face grave, deux plis d'amertume creusés au coin de sa bouche, et qui approuve la sentence du juge. « Que pensez-vous, lui demande-t-on, d'envoyer votre enfant à la « Parental school ? » Et les yeux fixes, il répond en étendant la main sur la tête de son fils : « Je pense, votre Honneur, que cela sera bon... » Puis il s'en va...

Voici une mère, appartenant, certes, à la classe la plus aisée. Elle tient par la main un enfant bien vêtu mais de mine sournoise. Le juge lui adresse d'assez vives remontrances. Son fils ne va pas à l'école. Elle le prétend malade, délicat, l'encourage dans sa paresse ; un « Probation officer » l'a aperçu maintes fois fumant des cigares (il a neuf ans). La mère nie tout cela, les larmes aux yeux. Mais le superintendant produit les dates des absences. Pauvre femme ! Elle est de celles qui, par faiblesse, pardonnent toujours et quand même. La décision est sévère. L'enfant lui est pris pour longtemps « jusqu'à ce qu'il soit corrigé ». Elle ne désarme pas cependant, récriminant, s'éloignant, puis revenant au juge pour le supplier ; celui-ci demeure inflexible. Il lui a montré qu'elle n'était point capable de faire un bon citoyen, et c'est l'argument suprême, que la mère comprend mal, mais qui évoque certainement aux yeux de l'enfant une image, celle du grand Président George Washington, qui les unit tous là-bas dans un respect quasi-filial. Qui sait, si la mère devenue plus sage, et retrouvant son enfant corrigé, ne bénira pas un jour ce juge dont la fermeté lui épargne peut-être bien des déchirements ?... Mais qui sait aussi, si l'enfant sera corrigé ?...

Tel est l'extérieur de cette première audience. Il est de nature à confondre l'auditeur venant de France, habitué aux procédures minutieuses, aux principes intangibles, aux précautions infinies...

Mais quelle est cette Parental School où ce juge envoie ces enfants ?

Pour répondre à cette question, il faut se rappeler que tous les spécialistes de l'enfance coupable ont préconisé la lutte par l'école. Celle-ci occupe, en effet, les heures pendant lesquelles l'enfant serait laissé à lui-même. Le père et la mère sont au travail. Le maître doit alors s'occuper de l'esprit de l'enfant et ne le rendre à son foyer qu'aux heures où il y trouvera ses parents. De plus, l'école ouvre à cet esprit neuf un champ d'activité, lui fait entrevoir un but, développe en lui la notion du travail et du devoir. On se rend compte aisément, des résultats funestes que produit le vagabondage chez l'enfant auquel on permet de s'y livrer. C'est pendant qu'il erre, oisif, qu'il apprend à connaître ceux qui le corrompront. Les jeux, les conversations, les spectacles de la rue, sont la première marche qu'il descend. Les Etats-Unis ont senti très vivement le besoin et le devoir de l'y arrêter. Et si les parents, par mauvais vouloir ou impossibilité, n'obligent pas l'enfant à l'assiduité, l'Etat se met à leur place, les supplée et se fait obéir. La « Parental School » est le moyen qu'il emploie ; l'enfant y est interné. Je me hâte d'ajouter que je ne peux ici la décrire, ne l'ayant point visitée. Mais on m'a dit que les traitements y étaient sans rigueur, la surveillance constante et les procédés fort intelligents.

Quant à la déchéance de la puissance paternelle pour simple faiblesse des parents, les Américains ne s'embarrassent point de la dureté de la mesure. Le mot « bon citoyen » répond chez eux à bien des choses. « Nous ne voulons pas de mauvais citoyens dans cet Etat, répète constamment le juge. » Et il n'est pas de bon citoyen sans un minimum d'instruction.

D'ailleurs, il est un grand nombre d'enfants qui ne doivent qu'à la situation de fortune de leurs parents de n'être pas de jeunes criminels. Qu'on analyse certains instincts apparents chez des enfants de la classe aisée. Qu'on leur supprime, par la pensée, le milieu où ils se meuvent et l'entourage qui les retient, aussi longtemps qu'ils y séjournent, et l'on découvrira bien des risques pour l'avenir. La question qui se pourrait discuter est de savoir si l'Etat, ayant fait cette analyse, en peut imposer les conclusions au père et à la mère. Mais nous savons qu'on ne discute pas, ou guère, en Amérique, et que dans nul pays au monde, voulant la fin, on ne veut aussi, avec une si opiniâtre énergie, les moyens.

Nous voici à la seconde audience. Le décor est le même, mais les personnages qui s'y meuvent ont singulièrement varié. Aujourd'hui, les « delinquant children » comparaissent devant la « Juvenile Court » et dès le seuil de la salle, on se sent pénétré d'émotion et de pitié. Toutes les misères, sinistres ou bouffonnes, toutes les hontes sordides qui s'accumulent dans les bas-fonds d'une grande ville comme Chicago, apparaissent au grand jour. Les enfants normaux sont des exceptions. On pourrait presque affirmer que dans cette foule de petits êtres, il n'en est pas un de normal. La plupart ont des faces ravagées, trop tôt farouches, laissant paraître, à travers leur débilité présente, toutes les menaces de l'avenir. Parmi les filles, beaucoup sont déjà formées, déjà femmes, quelques-unes avec des yeux limpides et que, seul, révèle leur costume trop voyant. Combien le juge en arrachera-t-il à la rue, à cette prostitution où déjà elles sont tombées ? Certes, si le problème se pose parfois avec une obsédante acuité, c'est parmi des groupes semblables, dans les salles de justice où tous viennent, tôt ou tard, se faire punir et parfois, heureusement, se faire sauver. J'observe l'attitude des « Probation officers ». Elle n'est guère différente de ce qu'elle était hier. Tous sont convaincus que l'enfant n'est pas un coupable. et je vois parmi eux des femmes tenant sur leurs genoux et caressant, avec des gestes maternels, les petits dévoyés que, dans un instant, elles amèneront à la Cour. D'ailleurs, hommes ou femmes, tous les « Probation officers » semblent entourer de la même sollicitude les enfants confiés à leurs soins. Certes, pour beaucoup d'entre ces enfants, c'est dans l'enceinte de la justice qu'ils doivent recevoir les premières caresses, entendre les premières paroles de douceur et de pardon. J'en ai vu d'ailleurs un certain nombre, accompagnés de leurs parents, s'écarter de ces derniers comme pour se réfugier auprès de l'officier, instinctivement.

Des délits qui provoquent ces débats, je ne dirai rien. Ce sont les mêmes, on le devine, qui amènent, chez nous, devant la justice, les malheureux enfants qui y paraissent trop souvent. Les faits reprochés, les réponses, les négations, les aveux sont en tout semblables ; seulement, au lieu de se faire à voix haute, devant un tribunal sévère et solennel, sous les ricanements ou les murmures d'un auditoire que connaissent trop les habitués de nos audiences, ils se feront ici, en tête-à-tête avec un juge paternel, qu'aucun souci de forme n'arrêtera dans la démonstration de son intérêt, de son indulgence, et aussi de sa sévérité.

Comme chez nous, encore, il y a les primaires et les récidivistes, je veux dire ceux à qui il fût, une ou plusieurs fois pardonné et qui retombèrent. Il y a les dégénérés à instincts mauvais, ceux qui sont condamnés, c'est trop probable, à porter toute leur vie le poids des tares que leur ont léguées leurs parents. Il y a les délinquants d'occasion aussi, ceux qui n'ont pas résisté, en sortant de l'école, au plaisir de jeter une pierre dans la glace d'une devanture, ou de dérober un fruit dans un wagon, à l'entour d'une station de chemin de fer. Il y a, en majorité, ces délinquants spéciaux, petits équilibristes ou petits chanteurs des rues, dont j'ai dit qu'ils étaient d'ordinaire et de l'avis des spécialistes, plus profondément, plus irrémédiablement corrompus, que tous ceux dont un mouvement de violence ou de convoitise fit un jour un criminel.

Tel enfant se présente, suivi de son père. Celui-ci, un gros homme vigoureux, à figure paterne que démentent des yeux agiles et méchants. Quelque tenancier, sans doute, d'établissement louche. Il réclame la garde de son fils poursuivi pour vagabondage. Il le corrigera lui-même, il sait élever un enfant. J'avais l'intime conviction qu'il était en effet très capable de mettre à jamais le sien hors d'état de nuire. L'enfant a été entraîné par de grands garçons... Il est bien surveillé d'ordinaire... et ces protestations sont faites avec tant d'art, que le juge hésite un instant. Mais le « chef Probation officer » prend la parole. L'enfant a été trouvé dans la rue à trois heures du matin. Cela suffit à la Cour. L'homme se trouble, balbutie. L'enfant lui est enlevé pour toujours. Il est déchu de sa puissance paternelle.

Celui-ci vient pour avoir volé. La mère, dit la probation officer, est ivrogne. Elle est là d'ailleurs, et il n'est pas difficile de s'apercevoir qu'elle atteint le dernier degré de l'alcoolisme. L'enfant lui est enlevé. Elle s'en va avec un haussement d'épaules.

A certains enfants on a fait la leçon. Mais le juge ne s'y trompe guère. Il lit en eux, à travers leurs mensonges, leurs réticences et les étonne. J'assiste à une scène douloureuse. Je la reproduis ici avec tous ses détails.

L'enfant est récidiviste. Une première fois il a volé. On l'a rendu à sa mère après une sévère admonestation. Il reparaît pour le même fait. C'est un voleur habituel. Sa mère, enceinte, face navrante de misère résignée, l'accompagne. Son fils paraît vicieux, il ment d'abord, puis avoue avec un repentir qu'on sent très clairement hypocrite. Et soudain, on entend un gémissement. La mère vient de tomber en syncope, on l'emporte. Le juge Mack prend gravement entre ses deux mains la tête de l'enfant : « Georges, lui dit-il, vois quel misérable fils tu es ! Je te rends à ta mère une fois encore, c'est la dernière. Va et tâche de réparer le mal que tu lui as fait. » La leçon sera-t-elle profitable ? Je l'ignore, mais s'il y a dans l'âme de ce petit être une lueur d'espoir encore, ce sera l'honneur de la « Juvenile Court » de l'avoir aperçue, et d'éviter peut-être à l'enfant, une chute définitive.

Voici un autre cas, moins sombre celui-là, et très caractéristique. Jack a neuf ans. Il eut le malheur, un jour, en jouant, de tomber sous les roues d'un tramway. Il est amputé des deux jambes, mais sa cervelle est intacte, et il le prouve. Il appartient à une honorable famille d'ouvriers. Sous le prétexte de prendre l'air, il se fait porter dans quelque rue populeuse, et là, on le quitte, en lui recommandant d'attendre patiemment qu'on vienne le reprendre. Mais Jack a l'esprit pratique. Il s'est vite rendu compte que la pitié manifestée par les passants à son égard pouvait être fructueuse. Il a tout naturellement tendu la main, et fait désormais de bonnes recettes. Une fois déjà on l'a conduit devant le juge. Celui-ci a ri. Ce petit infirme a une figure singulièrement affinée, il parle facilement, il n'a pas peur de la Cour. On lui a pardonné. Mais aujourd'hui on le ramène. On l'assied sur la table du juge. Et voici le discours de ce dernier : « C'est encore toi, Jack, tu mendies toujours. Sans doute, tu t'imagines que pour n'avoir plus tes jambes, tu es dispensé de devenir un bon citoyen. Eh bien, nous ne voulons pas de mendiants, et si tu tends la main tu seras puni comme les autres garçons, tu entends, comme les autres garçons. » Et tout de même, il est si misérable, le pauvre Jack, que le juge ajoute en souriant : « Allons ! Pour cette fois je ne te prends pas ; mais c'est la dernière, tu sais... « Good bye Jack ! » Et Jack qu'on emporte, avec un bon sourire, lance à la Cour un « Thank you ! judge » (merci juge), un peu confus, mais si naïvement familier, que Son Honneur éclate de rire...

En ce qui concerne les filles, la majorité est citée, naturellement, pour faits de prostitution. Toutes les races encore, et jusqu'à des négresses, conduites celles-là par une « probation officer » du plus beau noir, et dont l'apparence distinguée et la physionomie intelligente seraient — soit dit en passant — la meilleure objection à faire à ceux-là qui prétendent les nègres rebelles à toute éducation.

Un des cas les plus importants qui fût soumis au juge durant cette journée, montre bien avec quelles précautions, quel tact, quelle prudence, celui-ci remplit sa mission. Il s'agissait d'une enfant de neuf ans, à qui étaient reprochés des actes de femme. La fillette se présentait avec sa mère, laquelle protestait formellement contre les allégations de la « probation officer ». Elle produisait à l'appui de ses démentis des certificats de médecins, dont l'honorabilité d'ailleurs, était, me dit-on, suspecte. Pris, entre la mère et la « Probation officer », qui réclamait avec insistance le placement de l'enfant dans un « réformatory », affirmant qu'à défaut de cette décision l'enfant était perdue, le juge Mack hésita longtemps. Il se résolut enfin de se faire par soi-même une opinion. Il emmena donc la fillette dans son cabinet, l'interrogea. Ce qui fut dit, il ne le révéla point. A son retour, il avoua seulement n'être pas assez édifié, et repoussant la demande de la « Probation officer », rendit l'enfant à sa mère, en la déclarant « paroled », c'est-à-dire sous la surveillance de la Cour.

On voit par le récit de ce cas que le juge n'abuse pas de ses pouvoirs, et ne prononce point avec trop de facilité la déchéance de la puissance paternelle.

Ainsi, pendant plusieurs heures, des affaires semblables défilèrent devant la Cour. Les solutions les plus diverses furent proposées et admises. Les observations que j'ai rapportées, montrent quelle variété de situations, de questions angoissantes et complexes comporte ce problème de l'enfance criminelle.

Elles montrent aussi combien le juge est à l'aise pour les résoudre, et avec quelle minutie il peut doser le remède applicable à chaque mal.

Ce qu'il faut bien retenir, c'est que beaucoup des enfants amenés là, n'avaient pas commis de délit proprement dit ; à tout le moins, le délit n'était-il pas prouvé. Et ce n'était pas toujours à leur égard qu'intervenaient les solutions indulgentes. Le juge estimant que l'enfant est en danger, qu'il ne peut manquer de se pervertir, agit contre lui comme il agirait en présence d'un enfant auteur d'un méfait. Et cela n'est pas injuste, puisqu'il ne s'agit pas d'infliger un châtiment, mais de redresser un caractère en voie de déformation (1).

Me permettra-t-on de citer une affaire, jugée, il y a peu de temps, en France, par un Tribunal correctionnel. La prévenue était une femme, inculpée d'excitation de mineures à la débauche. Deux jeunes filles étaient

_____

(1) Ajoutons que la comparution devant la Cour, et même une décision rigoureuse rendue par celle-ci, n'engagent en rien l'avenir de l'enfant. Aucune trace de son passé ne demeure, s'il sort corrigé, du « Reformatory ». On m'a cité tel jeune homme de Chicago, en passe de devenir un des plus habiles ingénieurs de la Ville qui, seul, se souvient d'une audience semblable où il joua un rôle trop actif. Celui-ci conserve, paraît-il, pour le juge une reconnaissance quasi filiale.

citées comme témoins. L'une avait dix-sept ans, l'autre quatorze ans. C'étaient deux sœurs, domiciliées chez leurs parents, vivants tous deux. L'aînée se déclarait ouvrière, elle vivait surtout de la prostitution ; la plus jeune se donnait comme figurante dans un petit théâtre, (à quatorze ans). C'était cette dernière, d'ailleurs, qui avait engagé sa sœur à la suivre chez la prévenue. Le Tribunal avait ordonné le huis-clos. Le président, le ministère public et l'avocat furent unanimes à observer que la déposition de ces jeunes filles était d'une nature telle qu'il ne pouvait en être donné lecture. Ce qu'elles dirent à l'audience, l'une et l'autre, avec une volubilité et une impudeur maladives, suffisait à l'édification de la justice. La Proxénète fut condamnée. Et les deux enfants? C'était la grande question de ce procès, à n'en pas douter. Mais de par la loi, le président dut se contenter d'une sévère admonestation. Toutes deux s'en furent dans un café voisin, en compagnie nombreuse comme on le pense bien, se reposer des émotions de cette journée.

N'admet-on pas qu'il eût été d'une sage hygiène sociale que les malheureuses ne retournassent jamais auprès de leurs parents ? N'aurait-il pas fallu que le Tribunal pût, sur le siège, prononcer la déchéance d'une puissance paternelle si mal exercée ? Est-il simplement moral et rationnel qu'un tribunal soit obligé de subir des dépositions monstrueuses de la part d'enfants de quinze ans, sans avoir le pouvoir légal de prononcer une sanction ? Et ne vaudrait-il pas mieux qu'un « probation officer », averti qu'on exhibe sur certaines scènes une enfant de cet âge, pût en référer à un juge qui prononcerait sur le champ la déchéance des parents et la remise de l'enfant à un établissement spécial ?

Il faut, hélas, ajouter qu'à toutes ces questions la réponse serait plus aisée, si le public auquel on offre ces exhibitions se montrait fermement décidé à ne pas les tolérer.

J'arrive enfin à la dernière journée, celle où la Cour décide du sort des « dependent children ». Ces enfants correspondent assez bien à nos enfants de l'assistance publique. La plupart sont sans parents connus, abandonnés, quelques-uns seulement appartiennent à des familles que leur indigence rend incapables d'assurer leur sort.

La tâche du juge est, — je l'ai fait remarquer déjà — singulièrement facilitée par l'extrême simplicité des formes de l'adoption. De même, beaucoup d'enfants sont chez nous placés dans des familles honnêtes à la campagne. Seulement le lien qui unira l'enfant à son nouveau foyer, sera en Amérique, beaucoup plus fort qu'en France.

L'enfant est présenté à la Cour. Si les parents sont connus, ils l'amènent eux-mêmes. Ils font valoir au juge leur pauvreté, l'impossibilité où ils se trouvent de garder leur enfant et de l'élever. Si un adoptant se présente, l'enfant lui est, sur le champ, remis.

Beaucoup d'autres, de parents inconnus, sont recueillis par des établissements spéciaux qui s'occuperont plus tard de leur éducation et de leur placement.

Tel est le caractère général des trois audiences auxquelles il m'a été donné d'assister. Je les ai décrites, malheureusement sans les faire revivre. Et c'est en revoyant les scènes qui les marquèrent qu'on peut apprécier l'effort admirable qu'ont fait certains Etats de l'Union pour le sauvetage de l'Enfance. Les conclusions de cette étude ? Je n'en donnerai point. Il s'agit ici de notes de voyage accompagnées de réflexions fort incompétentes, je l'avoue. La grande question de l'enfance coupable peut à peine être effleurée par des novices. Mais il m'a semblé que tout ce qui s'y rapportait, dans tous les pays que nous avons la bonne fortune de parcourir, doit solliciter l'attention de ceux qui, comme nous, par profession, sont appelés par de douloureuses confidences, au spectacle quotidien de la misère et du crime. A cet égard, il me semble que dans la « Juvenile court » ce qui est à louer sans réserves, c'est le caractère familial, intime, paternel de la juridiction. Le juge de Denver l'a écrit : « Ne traitons pas les enfants comme des hommes ». Nos criminologistes, et parmi eux le maître éminent de l'Université de Lyon, M. le Professeur Garraud l'ont maintes fois répété « ne frappons pas, corrigeons ». La Juvenile Court semble se conformer à ce désir des hommes de science, et c'est pourquoi elle réalise un grand progrès. En outre, l'absence de tout casier judiciaire, ce soin qu'on prend d'éviter à l'enfant la flétrissure qu'il portera dans la vie comme un fardeau, permet à la Société, si ses efforts sont vains, de décliner la responsabilité de son échec. Et c'est une satisfaction morale qui n'est point négligeable.

Quels sont les résultats de la nouvelle institution ? Ils sont encore dans les ténèbres. Un jour, peut-être on fera pour les « Juvenile court » un plaidoyer, basé sur des chiffres. Pour l'instant nous sommes guidés, en l'appréciant, par le seul souvenir de doléances maintes fois entendues, de souhaits bien souvent formulés.

Redevable à la bienveillance de mes maîtres, de cette rare fortune d'avoir accompli un beau voyage, j'ai voulu seulement leur dire, ce que j'avais vu, sans prétendre tirer de mon modeste effort, autre chose que le témoignage d'une très profonde et très sincère gratitude.

Imp. WALTENER & Cie, 3 rue Stella, Lyon

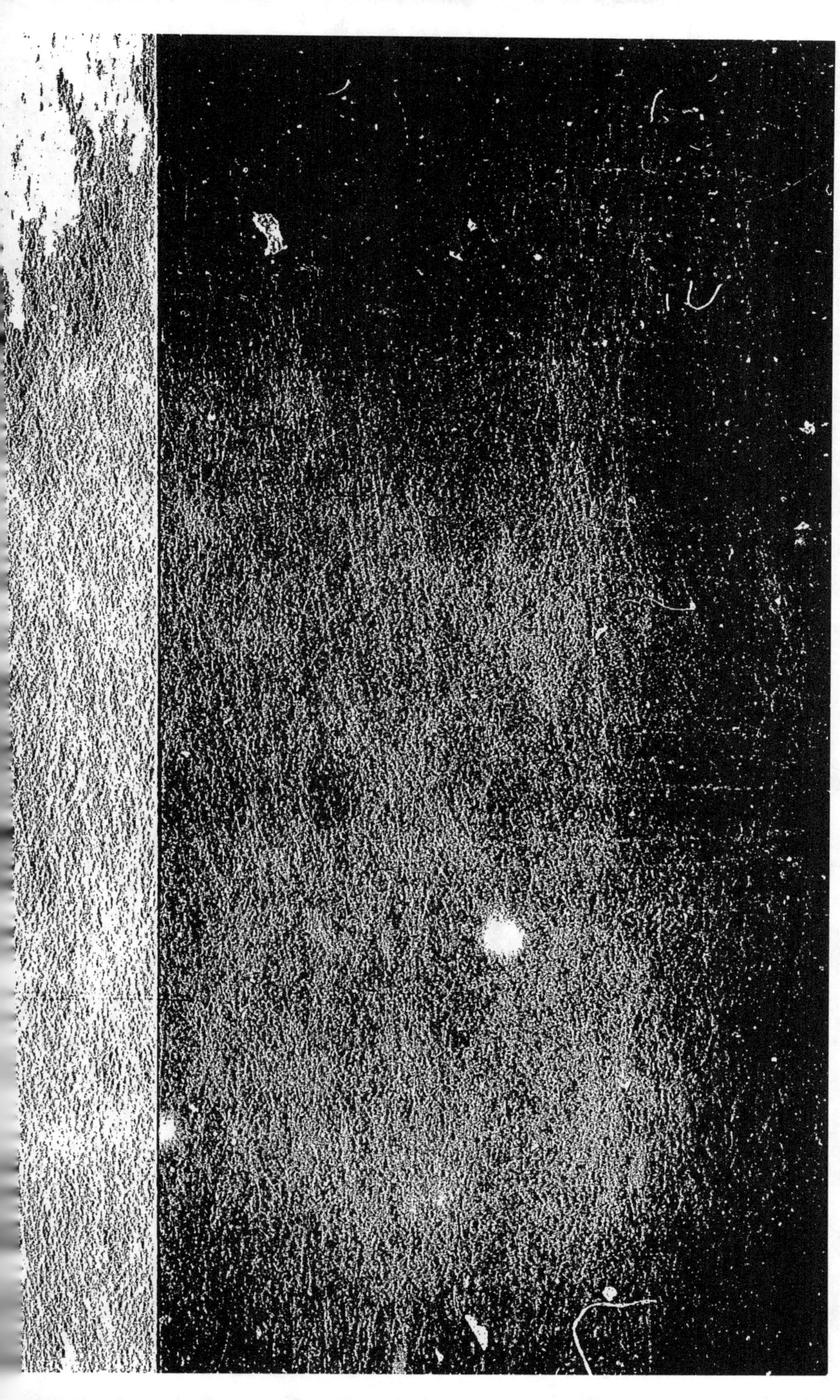